地域密着型デイサービス

浅岡雅子　浅岡伴夫 著

大競争時代を生き抜く黒字戦略

翔泳社 ecoProject のご案内

株式会社 翔泳社では地球にやさしい本づくりを目指します。
制作工程において以下の基準を定め、このうち4項目以上を満たした
ものをエコロジー製品と位置づけ、シンボルマークをつけています。

資材	基準	期待される効果	本書採用
装丁用紙	無塩素漂白パルプ使用紙 あるいは 再生循環資源を利用した紙	有毒な有機塩素化合物発生の軽減（無塩素漂白パルプ）資源の再生循環促進（再生循環資源紙）	○
本文用紙	材料の一部に無塩素漂白パルプ あるいは古紙を利用	有毒な有機塩素化合物発生の軽減（無塩素漂白パルプ）ごみ減量・資源の有効活用（再生紙）	○
製版	CTP（フィルムを介さずデータから直接プレートを作製する方法）	枯渇資源（原油）の保護、産業廃棄物排出量の減少	○
印刷インキ*	植物油を含んだインキ	枯渇資源（原油）の保護、生産可能な農業資源の有効利用	○
製本メルト	難細裂化ホットメルト	細裂化しないために再生紙生産時に不純物としての回収が容易	○
装丁加工	植物性樹脂フィルムを使用した加工 あるいは フィルム無使用加工	枯渇資源（原油）の保護、生産可能な農業資源の有効利用	

＊パール、メタリック、蛍光インキを除く

本書内容に関するお問い合わせについて

■ 本書に関するお問い合わせ、正誤表については、下記の Web サイトをご参照ください。
　　お問い合わせ　http://www.shoeisha.co.jp/book/qa
　　正誤表　　　　http://www.shoeisha.co.jp/book/errata

■ インターネットをご利用でない場合は、FAX または郵便で、下記にお問い合わせください。
　　〒160-0006　東京都新宿区舟町5　（株）翔泳社 愛読者サービスセンター
　　FAX 番号：03-5362-3818

電話でのご質問は、お受けしておりません。

※本書の内容は、平成28年6月現在の法令等に基づいて書かれています。
※本書の出版にあたっては正確な記述につとめましたが、著者や出版社などのいずれも、本書の内容に対してなんらかの保証をするものではなく、いかなる結果に関してもいっさいの責任を負いません。
※本書に記載されたURL等は予告なく変更される場合があります。
※本書に記載されている会社名、製品名は、一般に各企業の商標または登録商標です。
※本書ではTM、®、©は割愛させていただいております。

はじめに

　本書の取材で、地域密着型デイサービス（DS）の経営者や管理者の方々に電話で話を聞き、また直接お会いして話を伺いました。100を超えるDSにコンタクトしてさまざまな声を聞くなかで、貴重な情報が得られ、いろいろなことを知ることができました。

　管理者に現場を任せている"オーナー経営者"からは、「介護報酬が下がって儲けがほとんどなくなったので、やめようと思っている」とか「小規模なDSで元気に経営できているところがあったら教えてほしい」といった悲観的な声も多く聞かれました。

　その一方で、経営者が管理者としてDS事業所で働いているケースでは、「介護報酬が下がって赤字になったということはないですよ」、「新しい加算をとって基本報酬の引下げ分を補っています」、「利用者様の定着率が上がってきたので、むしろ黒字が増えています」、「介護スタッフと一緒にがんばっているので、なんとかなっています」といった肯定的な声をたくさん聞くことができました。なかには、「関連事業を始めて相乗効果が得られるよう工夫しています」といった積極的な意見もありました。

　Part 3の事例紹介でとり上げたDSに共通しているのは、経営者が前向きだが浮足立っていない、介護スタッフが機嫌よくきびきび働いている、利用者の表情が生き生きしている、という点です。

　1つ残念に感じたのは、地域密着型DSの存在やその特長（メリット）があまり知られていないこと。地域密着型DSのよさがもっと地域の人たちに知られるようになって、地域介護を支える中核的な存在になることを願っています。

　今回、事例紹介の要請に快く応じ、包み隠さず実状を話してくださった皆さまに、心よりお礼申し上げます。

2016年6月　　　　　　　　　　　　　　　　　　浅岡雅子・浅岡伴夫

目　次

はじめに………………………………………………………………… iii

Part 1　地域密着型デイサービスは黒字経営が十分可能！…………………… 001

01　デイサービス事業所の数はどのように変化しているか？…… 002
02　地域密着型デイサービスは経営状態が悪化しているのか？… 004
03　地域密着型デイサービスは生き残っていけるか？…………… 006
04　厚生労働省は地域密着型デイサービスを
　　どう位置づけているのか？……………………………………… 008
05　市町村は地域密着型デイサービスを
　　どう機能させていくのか？……………………………………… 012

Part 2　黒字経営を実現するための16の事業戦略 ………………………… 015

01　自分の事業所の強みを増やし弱みを減らす
　　事業戦略を立てる………………………………………………… 016
02　競争環境での機会を生かし脅威を減らす事業戦略を立てる… 018

03	採算のとれる『年間収支計画書』をつくる	020
04	事業年度内の『月次収支計算書』を作成する	022
05	業務を効率化してムダを減らす	024
06	介護報酬を増やす具体策を講じる①	026
07	介護報酬を増やす具体策を講じる②	028
08	介護報酬を増やす具体策を講じる③	030
09	達成してほしいサービスの品質目標をスタッフに明示する	032
10	やる気のある介護スタッフを採用し指導・教育する	034
11	ケアマネジャー＆利用者・家族と"いい関係"を築く	036
12	地域連携方針と広報戦略を立てる	038
13	クレーム対応をチャンスに変える取組みをする	040
14	運営推進会議を"アドバイザーチーム"に変える工夫をする	042
15	関連事業の立上げを検討する	044
16	他の地域密着型デイサービスと連携・協力する	046

👉 Column 1
　　お客様と従業員を大切にする"日本型経営"を見直そう ……… 048

Part 3　独自の知恵と工夫で黒字経営を続ける地域密着型デイサービス …………… 049

01	デイサービス こころ	050
02	デイサービス 調(しらべ)	056
03	デイサービスセンター たま	062

04	宅老所 赤とんぼ	068
05	デイサービス 悠々	074
06	いろは	080
07	ましまの家	086
08	つばめデイサービス	092

👍 **Column 2**

地域密着型デイサービスに移行したところが
損をすることはない！ ……… 098

Part 4 集客＆利用者の定着を実現する運営実務の16のポイント …………… 099

01	利用希望者の見学時に事業所の"独自性"と"魅力"をアピールする	100
02	サービス担当者会議を情報収集とアピールの場にする	102
03	アセスメントで利用者・家族の課題（困り事）を洗い出す	104
04	利用者・家族の課題を解決できる『通所介護計画書』をつくる	106
05	モニタリングで介護計画と現状のズレを見つけてケア改善に生かす	108
06	介護記録をケア改善のツールとして活用する	110
07	介護スタッフの気づきや意見をサービス改善に生かす	112
08	生活相談員を介護チームの司令塔と位置づける	114
09	介護サービス改善・向上の仕組みをつくる	116

10 介護スキルを向上させる仕組みをつくる………………………	118
11 スタッフのコミュニケーションスキルを向上させる…………	120
12 相談業務を利用者・家族の満足度向上のチャンスにする……	122
13 適時・的確な連絡をとることで家族の信頼を得る……………	124
14 好感情を呼び覚ます魅力のある食事とおやつを提供する……	126
15 利用者に喜ばれるレクリエーションを企画して提供する……	128
16 利用者に"生きがい"をもってもらう……………………………	130

👍 **Column 3**

学ぶ姿勢とチャレンジ精神があれば、道は開けていく！…… 132

Part 5 地域密着型デイサービスの経営・運営に役立つキーワード20 ……… 133

01 地域密着型サービス………………………………………………	134
02 地域密着型サービス運営委員会…………………………………	135
03 介護予防・日常生活支援総合事業（通称「総合事業」）……	136
04 地域ケア会議……………………………………………………	137
05 認知症ケアパス…………………………………………………	138
06 認知症地域連携パス（オレンジ手帳）………………………	139
07 MCI（軽度認知障害）と認知症………………………………	140
08 要支援・要介護認定の流れと認定基準………………………	141
09 日常生活自立度判定基準（認知症高齢者用）………………	142
10 主治医意見書……………………………………………………	143

11	運営推進会議	144
12	認知症カフェ（オレンジカフェ）	145
13	経営・事業戦略とSWOT分析	146
14	収支計画と損益分岐点	147
15	PDCA（計画・実行・チェック・改善）サイクル	148
16	CS（顧客満足）とCRM（顧客関係性マネジメント）	149
17	ES（従業員満足）とERM（従業員関係性マネジメント）	150
18	CSR（企業の社会的責任）とディスクロージャー（情報公開）	151
19	サービス利用者の個人情報保護	152
20	デイサービスのリスクマネジメント	153

👍 **Column 4**

日本の地域密着型サービスが先進諸国の標準モデルになる!? ………………… 154

巻末資料 ………………………………………………………………………… 155

Part 1

地域密着型デイサービスは黒字経営が十分可能！

「デイサービス(DS)の経営環境は厚生労働省の改革・介護報酬改定のたびに悪化し、特に地域密着型DSはここ数年でそのほとんどが立ちいかなくなるだろう」といった記事を、雑誌やインターネットでよく見かけます。こういう不安をあおるような意見に過剰反応し、小規模型DSから地域密着型DSに移行せずに他のタイプに移行したり廃業したりする事業者も結構あったようです。
でも、このような意見は果たして正しいのでしょうか？
地域密着型DSの経営環境が以前に比べて厳しくなったことは事実ですが、「多くのDSが廃業に追い込まれることはない。地域密着型DSは黒字経営が十分可能」というのが、このPartの結論です。この結論が妥当であることを示すために、2015 (平成27)年の介護報酬改定の前後の状況変化を数値的に分析するとともに、介護保険制度を所管する厚生労働省の老健局振興課と地域密着型DSを管轄する自治体(関東地域のある市の高齢者福祉課)に地域密着型DSの現状と今後の展望に焦点を絞ってインタビューしました。

Part 1 01 デイサービス事業所の数はどのように変化しているか？

事業所数と倒産件数の推移を把握しておこう

> デイサービス（DS）の事業所数と倒産・廃業件数の推移を分析した限りでは、「地域密着型DSの多くが立ちいかなくなる」といった心配はないようです。

DSは毎年増え続けている

厚生労働省の「介護サービス施設・事業所調査」から、DS事業所の数の推移を見てみましょう。

	2010年	2011年	2012年	2013年	2014年
DS事業所の数	25,847	28,354	34,107	38,127	41,660

※上記の調査は、2015（平成27）年10月に公表されたものであり、2016（平成28）年6月時点では最新のデータです。

介護事業者の倒産も増え続けている

東京商工リサーチが2016（平成28）年1月13日に公表した『2015年「老人福祉・介護事業」の倒産状況』から、DS事業所の倒産件数の推移を探ってみましょう。

	2011年	2012年	2013年	2014年	2015年
老人福祉・介護事業の倒産件数	19件	33件	54件	54件	76件

※東京商工リサーチの『2015年「老人福祉・介護事業」の倒産状況』から引用。

上記調査の注釈によると、**2015（平成27）年の倒産件数76件のうちの29件がDS、短期入所介護、および老人福祉施設系のデイサービスセンターの倒産件数**です。上記の**29件**から短期入所介護と老人福祉施設系のデイサービスセンターの倒産件数（推定）を引くと、**DSの倒産件数は約20件**。このなかに、小規模型（現在は地域密着型）DSが含まれています。

なお、倒産件数の集計は負債総額1,000万円以上を対象としているので、1,000万円未満の倒産はこの件数には含まれていません。

20件という数値を2014（平成26）年のDSの全体数41,660と見比べる限り、**多くのDSが倒産しているわけではないことは明白**です（2015年

の全体数がまだわからないので、便宜的に2014年の全体数と比較しました)。

ただし、倒産は債務の支払いが不能となり企業が経済活動を続けられない状態を表すため、**自主廃業したケースは含まれないことに注意**してください。

倒産件数よりも廃業件数に注目する必要がある

小規模なDSの場合は、倒産する前に自主廃業するケースが多いと推察されます。したがって、**倒産件数よりも廃業件数に注目する必要がある**でしょう。DSの廃業に関しては、全国をカバーするような統計データがないので、関東地域のある県といくつかの市町村に直接問い合わせをしました。

その県の担当部署によると、自県が2015(平成27)年時点で所管していた1,450のDS事業所のうちの57事業所が廃業した(1年間で)とのことです。57という**廃業件数が事業所全体に占める割合は、約3.9%**。参考までに、厚生労働省の「雇用保険事業年報」のデータを用いて作成した「企業の開業率・廃業率のグラフ」を示します。

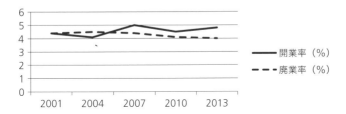

グラフから、**一般企業**(雇用保険に加入する従業員がいる企業)**の廃業率は4〜5%の間を推移している**ことがわかります。年度は異なりますが、このグラフの数値と見比べる限り、**DS事業所の3.9%という廃業率が特に高いとは言えない**でしょう。また、市町村への問合せでも、「2016(平成28)年4月時点では、**DSの廃業が急増している事実はない**」との回答でした。

このほか、県の担当者から「**通常型から地域密着型へ移行したケースもある**」との話も聞きました。ここまでに述べたことを総合すると、「**地域密着型DSは危機的な状況にはない**」と言えるでしょう。

Part 1 - 02

地域密着型デイサービスは経営状態が悪化しているのか？

2015（平成27）年の介護報酬引下げが与えた影響

> 2015（平成27）年の介護報酬引下げが地域密着型デイサービス（DS）の経営にどんな影響を与えたのかを把握し、経営状況の変化を分析します。

DS全般の介護報酬改定の概要を知ろう

2015（平成27）年4月に、DSの介護報酬が改定されました。

DSのタイプ別の介護報酬（基本部分）の平均増減率	
地域密着型DS：約8.7％のマイナス	大規模型DS：約4.9％のマイナス
通常規模型DS：約4.9％のマイナス	療養型DS：変化なし

※1 地域密着型DSは、上記の改定時には小規模型DSでした。
※2 ％の数値は平均値であり、サービス提供時間と要介護度で変わってきます。

上表を見ると、**地域密着型DSの介護報酬が他のDSに比べ大幅に引き下げられた**ことがわかります。

地域密着型DSの基本報酬改定の内容を知ろう

次に、基本報酬（単位）の具体的な数値と増減率を見てみましょう。

地域密着型（旧小規模型）DSの基本報酬改定の内容			
3時間以上5時間未満			
要介護度	改定前	改定後	増減率
要介護1	464	426	－8.2％
要介護2	533	488	－8.4％
要介護3	600	552	－8.0％
要介護4	668	614	－8.1％
要介護5	734	678	－7.6％
5時間以上7時間未満			
要介護度	改定前	改定後	増減率
要介護1	705	641	－9.1％
要介護2	831	757	－8.9％
要介護3	957	874	－8.7％

要介護4	1,082	990	−8.5%
要介護5	1,208	1,107	−8.4%
7時間以上9時間未満			
要介護度	改定前	改定後	増減率
要介護1	815	735	−9.8%
要介護2	958	868	−9.4%
要介護3	1,108	1,006	−9.2%
要介護4	1,257	1,144	−9.0%
要介護5	1,405	1,281	−8.8%

　上表からわかることは、**介護報酬の引下げ率は、サービス時間数が多いほど高く、要介護度が低いほど高い**ということです。

加算報酬改定の概要を知ろう

　介護報酬の加算については、「**認知症加算**」（60単位／日）と「**中重度加算**」（45単位／日）が**新設**されました。**この２つは、同時算定が可能**です。

　従来の加算については、一部は据えおかれていますが、全体的には単位が増額されています。たとえば、個別機能訓練加算（Ⅰ）が42単位から46単位へ、個別機能訓練加算（Ⅱ）が50単位から56単位へと増額され、介護職員処遇改善加算は分類が増えて単位も引き上げられました。サービス提供体制強化加算についても、従来より単位の高い分類が増設されました。

介護報酬引下げが地域密着型DSに与えた影響は？

　確かに、地域密着型DS（改定時は小規模型DS）にとって、**基本報酬の大幅引下げが経営収支に与えたマイナスの影響は大きかった**でしょう。しかし、もう一方では、**加算をうまく活用することで、基本報酬の引下げの影響を相殺することが可能になった**とも言えます。

　要するに、**2015（平成27）年の改定はただの報酬引下げではなく、介護体制の強化とサービスレベルの向上を促すものだった**ということです。

Part 1
03

地域密着型デイサービスは生き残っていけるか？

経営・運営の視点で自己改革すれば、黒字経営が十分可能！

> 地域密着型デイサービス（DS）は、経営・運営の視点をもって積極的に自己改革していけば、黒字安定化を実現することができます。

地域密着型DSは改革を求められている

　2015（平成27）年の介護報酬（基本部分）の引下げ幅は確かに大きいものでしたが、加算の新設、既存の加算の一部増額、人員配置基準の緩和、利用定員の拡大などが並行して実施されたことも忘れてはなりません。厚生労働省は、ムチ（基本報酬の引下げ）とアメ（加算の充実）を通じて、DSに次のような改革を求めていると考えられます。

厚生労働省がDSに求めている改革
・認知症のレベルが高い利用者の積極的な受入れ
・要介護度3以上の利用者の積極的な受入れ
・利用者の日常生活自立度向上に向けた機能訓練の積極的な実施
・介護職員の処遇の改善
・サービス提供体制の強化

　基本報酬の引下げ幅については議論の余地もあるでしょうが、上記の改革がDSの利用者・家族にとって不可欠であることは間違いありません。

黒字安定化に向けてできることはたくさんある

　上記の改革をできるところから実行していけば、**介護報酬引下げの穴を埋めることは十分可能**だと思います。けれども、それだけでは、経営の黒字安定化の実現には不十分です。
　では、厚生労働省が求める改革以外に何をすればよいのでしょうか？ 実は、**地域密着型DSが黒字安定化に向けてできることはたくさんある**のです。それは、規模の小さいDSは個人経営が多く、一般企業が活用している経営・

事業運営ノウハウをほとんどもっていないため、そういう**ノウハウを導入することで経営・運営を大幅に改善することが可能**だからです。

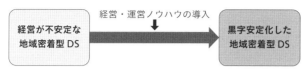

経営・運営の視点をもってできることを着実に実践しよう

　地域密着型 DS の経営を安定化させる方策は、経営的な視点から見たもの（事業戦略）と運営的な視点から見たもの（運営上の方策）の２つに大きく分かれます。事業戦略としては、「**自分の事業所の強みを増やし弱みを減らす事業戦略を立てる**」、「**介護報酬を増やす具体策を講じる**」などいろいろと考えられます。また、運営上の方策としては、「**利用希望者の見学時に事業所の"独自性"と"魅力"をアピールする**」、「**介護スタッフの気づきや意見をサービス向上に生かす仕組みをつくる**」、「**介護スキルを向上させる仕組みをつくる**」などいろいろあります。

　本書の Part2 で地域密着型 DS に有効な事業戦略を説明し、Part4 で地域密着型 DS に有効な運営上の方策を説明します。それらから自分の DS で実践可能で効果的と考えられるものを選んで、着実に実践していってください。

経営・運営を効率化すれば稼働率6割でも採算がとれる

　本書を執筆するに当たって実施した地域密着型 DS へのインタビューや各種の調査資料から、「**経営・運営を効率化すれば稼働率 6 割でも採算がとれる**」ことがわかってきました。ただし、"6 割"というのは、かなり経営・運営の効率がいい DS での採算ラインです。逆に、"8 割"稼働で収支トントンというケースを分析すると、経営・運営面で改善の余地が大きいことがわかりました。無理をしすぎるとサービスの質などにしわ寄せが出るので、**採算ラインが稼働率 7 割弱になるよう調整するのがよい**と考えられます。

Part 1 04

厚生労働省は地域密着型デイサービスをどう位置づけているのか？
地域密着型デイサービスへの移行に関するインタビューQ＆A

> 地域密着型デイサービス（DS）の位置づけや役割について厚生労働省はどう考えているのか、厚労省老健局振興課にインタビューしました。

小規模型DSの介護報酬の引下げについて

Q1：2015（平成27）年4月の介護報酬（基本部分）の改定において、小規模型DSの引下げ率がほかのDSよりかなり大きかった理由を教えてください。

A1：運営に際して、管理的経費の部分にはスケールメリット（規模を大きくすることで得られる利益）が働きます。そのため、もともと通常規模型・大規模型より管理的経費の負担が大きい小規模型DSには、それを補正する意味で、引下げまでは通常型などより17％高い介護報酬を定めていました。ただ、実態調査を行なったところ、実際には17％ではなく8％の上乗せで不均衡が是正されることがわかりました。つまり、**2015（平成27）年4月の介護報酬の引下げは、管理的経費の部分の適正化を目的に行われた**ものなのです。

Q2：この改定では、同時に加算の新設や補強が行われましたが、その理由を教えてください。

A2：この改定では、「中重度者ケア体制加算」と「認知症加算」が新設され、「個別機能訓練加算」が強化されました。その根拠となるのが、2013（平成25）年に、厚労省の補助金事業として行われた「通所介護のあり方に関する調査研究」です。そのなかで、**今後、通所介護において充実させるべき機能**は何かということが検討され、「中重度者ケア」、「認知症ケア」、「個別機能訓練」の充実が今後さらに重要になってくるとの判断がなされました。その結果、**ポイント加算において新設・強化で付加価**

値をつけ、それらの機能の充実を図ろうとしたわけです。

Q3：この改定には、「小規模型 DS が増えすぎて介護保険の支払い負担が増えているので、事業所の数を減らしたい」という意図もあったのでしょうか？

A3：それはありません。Q1 に対する答と関連しますが、介護報酬を引き下げたのは、あくまでも**実態に即した適正化のためであり、事業所数を減らすといった意図はまったくありません**。

Q4：DS の介護報酬の引下げは、今後も予定されているのでしょうか？

A4：将来的なことはわかりません。もちろん、改定ごとに引き下げるという既定方針があるわけではありません。

地域密着型DSについて

Q5：地域密着型 DS の管轄者を都道府県から市町村に移したのは、他の地域密着型サービスと同じ位置づけにするためでしょうか。

A5：そのとおりです。

Q6：地域密着型 DS は今後も必要だとお考えですか？

A6：必要だと考えています。DS は現在、3 人に 1 人が利用しているスタンダードなサービス。そういう意味では、規模に限らず、今後は**認知症の人や中重度の人をしっかり受け入れることが重要**になってくるでしょう。利用者には、地域密着型 DS のような家庭的で小さい DS のほうがいいという人もいれば、大きな DS がいいという人もいます。**事業所の規模はいろいろあってよく、小さいところと大きいところの両方が必要**だと思います。それぞれの**事業所は自分のところの"ウリ"を考え、自由度を発揮して利用者獲得に結びつけていただきたい**と考えています。

Q7:地域密着型 DS が認知症ケアなどの機能をいろいろ充実させていくとなると、既存の地域密着型サービス（認知症対応型通所介護など）と役割が重なるようになるのではないでしょうか？

A7:小規模型 DS が地域密着型サービスに移行し、今後、地域密着型 DS の機能が充実してくると、確かに**認知症対応型 DS などと役割が重複してくる可能性がある**と思います。それに伴って、**場合によっては地域密着型サービスを整理・統合する必要が生じてくる**かもしれません。

Q8:経営効率と介護報酬の削減の視点から、「DS は大規模化を図るべき」という声もあるようですが、これについてはどうお考えですか？

A8:**厚生労働省には、「DS は大規模化すべき」という考えはありません。**介護報酬の引下げは、大規模化への方向性を意図して行なったものではありません。厚生労働省が大規模化への方向性を示唆しているという声があるとすれば、それは根拠のない深読みです。

Q9:地域密着型 DS への移行に際して、定員を 18 人以下にしたのはなぜでしょうか？

A9:小規模型 DS の規定では、月の延べ利用者数が 300 人という実績制の考え方で規模が決められていました。ただ、**実績を基にすると、実績の変動に応じて毎年度届けを出すケースが生じるなどの煩雑さがあるために、定員という固定制に変えた**のです。定員という固定制にするに当たって 18 人以下に決めたのは、実態調査を行なったところ、既存の小規模型 DS がカバーできる（受入れ可能な）利用者の数が 18 人だったということです。

※小規模型 DS の規定では「月の延べ利用者数が 300 人以下の事業所を小規模型通所介護と定める」という基準のみで、定員に関する規定はありませんでした。小規模型 DS において定員を 10 人以下とそれ以上の場合で区別していたのは、それによって人員配置基準が異なるためであり、規模の基準とは関係ありません。

Q10：地域密着型DSへの移行に際して、人員配置基準は変わったのでしょうか？

A10：小規模型DS当時の基準と同じです。

> **インタビューを終えて**
>
> 　今回、厚生労働省の担当課に取材したことで、厚労省には「地域密着型DSを政策的に減らすつもりはない」、「DSは効率を考えて大規模化したほうがよいという考えもない」ことがわかりました。
>
> 　もう1つ明らかになったことは、今回、平均的な利用実態から勘案されたという"利用定員18人以下"が地域密着型DSの収益拡大の可能性を大きく広げた、ということです。今まではどんなにがんばっても、1ヵ月延べ300人を越える利用者を受け入れることができなかったのが、理論上では18人×30日＝540人まで受入れ人数を増やすことが可能になったからです。その場合の収益は、これまでよりもはるかに大きくなります。もちろん、それには利用者を集める「魅力」と「努力」と「能力」が必要です。しかし、努力して利用人数を増やせば、それに応じた収益が出る──。それは大きな希望ではないでしょうか？
>
> 　おそらく、厚生労働省がイメージしている地域密着型DSの近未来像は、「地域密着型DSは地域にしっかりと根を下ろし、高齢化社会に向けて、要介護度の低い人だけでなく、要介護度の高い人や認知症が進んだ人も積極的に受け入れる事業所であり、自分たちの魅力を発信しながら自由度の高いサービスを提供することで利用者獲得につなげていける自立した事業所」なのでしょう。

Part 1
05 市町村は地域密着型デイサービスをどう機能させていくのか？
関東地域のある市の高齢者福祉課へのインタビューQ＆A

> 新たに地域密着型デイサービス（DS）の管轄者となった自治体が今回の移行をどう考えているのか、ある市の高齢者福祉課の責任者に聞いてみました。
> ※自治体名を伏せることを条件に、本音でご回答いただきました。

地域密着型DSの今後について

Q1：小規模型DSが地域密着型DSに移行して市町村の管轄になったことで、提供される介護サービスに何か変化はありましたか？
A1：**基本的に変わりありません。**

Q2：地域密着型DSは在宅介護を支える存在になると思いますか？
A2：**支える存在になる**と思います。

Q3：新しく始まった総合事業（介護予防・日常生活支援総合事業）のなかで、地域密着型DSは事業を担う大きな存在になるのでしょうか？
A3：**総合事業を担う存在の1つ**ではありますが、総合事業において市町村が独自に取り組むサービス事業には、今まで介護サービス事業とかかわりがなかったNPOなども参入してくる可能性があると考えています。

Q4：規模の小さいDS経営は2015（平成27）年の介護報酬改定でかなり苦しくなったと言われていますが、経営は成り立つと思いますか？
A4：一般論として、地域密着型のような小さなDSはコストが割高になるため、通常規模や大規模のDSより経営が苦しいと思います。ただ、介護報酬改定の影響がまだそれほど出ていないからか、2015（平成27）年4月の介護報酬改定以降に当市で廃業・倒産した小規模型DSはありません（通常規模型DSが1件廃業しましたが、改定が原因ではありません）。

Q5：地域密着型DSにどのような役割を期待していますか？

A5：利用者はさまざまで、「人が多いところが苦手だから大きなDSはイヤ」という人もいます。そういう人は、きめ細かなサービスや家庭的な食事を提供するアットホームなDSが向いていると思います。**大事なのは、利用者が自分に合ったDSを選択できること**。そういう意味で、**地域密着型DSには小規模ならではの利点を生かした存在になってほしい**ですね。

地域密着型DSへの行政の関与について

Q6：ほかの地域密着型サービスと同様に、利用者は自分が住んでいる自治体にある地域密着型DSを利用するのが基本のようですが、隣の自治体のDSがすぐ近くにあっても、今後は使えないのでしょうか？

A6：**境界の件はそこまで厳密に適用しようとは考えていません**。隣の市の地域密着型DSを利用したいという人がいれば、空きがある限りその希望に沿いたいと考えています。なぜなら、利用者の身になれば、**自分が行きたいと思うDSを希望するのは当然**だからです。ただ、他の市町村の地域密着型DSを新規で使うには、**利用者が住んでいる市町村（介護保険者）がそのDSを介護保険事業者に指定**しなければなりません。それには、まずその事業者に指定申請書を出してもらい、申請書に基づいてDSがある自治体に伺い書を出して許可をもらう必要があります。地域密着型サービスの理念はわかりますが、事務処理が非常に煩雑になったことは、利用者にとっても事業者にとっても自治体にとってもデメリットだと思います。

Q7：市内にある地域密着型DSの数は現状に適していると思いますか？

A7：多すぎると思います。当市はDSの利用率（DS全体の利用者実績数を利用定員の合計数で割ったもの）が低いので、**過剰な状態**と言えます。

Q8：今後、DSの総数が多すぎるということから地域密着型DSの新規開業申請に何らかの歯止めをかける考えはありますか？

A8：基本的に、**数を抑制するために新規開業申請に規制をかけるようなことは考えていません**。「DSが増えすぎたので新たな申請をなるべく認めないようにしよう」と考える市町村もあるでしょう。ただ、当市では、**申請があり要件を満たしていれば、DSが過剰だからという理由で拒否はできない**と考えています。申請者には、現状のデータを示して厳しい状況をご説明しますが、それでも参入したいという事業者には許可を出します。逆に、新規事業者の参入を認めずに固定した事業者でDS事業を続けていけば、競争原理が働かずにサービスが停滞してしまうでしょう。住民にとって何がよいかを考えるなら、選択肢の幅を広げるほうがいい。新規に開業しようとする事業者のなかに、住民にとって本当にいい事業者がいるかもしれませんし、市場原理で動いているものに規制などの形で役所が手を出すとかえってダメになるケースが多いのではないでしょうか。

インタビューを終えて

近年、国の広域事業が市町村の管轄になるケースが増えてきています。目が行き届き対応がきめ細かくなるというメリットがある一方で、人的・物的コストが増えるというデメリットもあります。「実際は市町村の範囲を越えて提供されているサービスを、無理に市町村単位にダウンサイジング（権限や事務処理などを分散させること）するのは不合理だ」という声も聞かれます。

介護分野も例外ではなく、小規模型DSが地域密着型DSになったことで、それにかかわる許認可や監督・監査を各市町村が担うことになりました。特に、住民が他の自治体の地域密着型DSを使いたいという"越境利用"では、分厚い資料が近隣の市町村間を行き来することになりました。手続きが複雑になることは利用の抑制にもつながりかねません。こうした課題を解消するには、「隣接する市町村の境をまたぐ地域密着型DSの利用については事務手続きを不要とする」といった打開策が必要ではないでしょうか。

Part 2

黒字経営を実現するための16の事業戦略

規模の小さいデイサービス(DS)のなかには、過当競争や介護報酬の引下げで撤退・廃業に追い込まれたところもあります。また、中規模や大規模のDSも熾烈な顧客獲得競争を繰り広げています。そんななかで、2016(平成28)年4月に小規模型DSから移行した地域密着型DSは、どのようにして黒字経営を達成し維持していけばよいのでしょうか?

少し前までの介護事業は、社会福祉の一部とみなされ、経営とか事業(ビジネス)とか利益追求といった意識が希薄でした。ところが、介護保険事業費の抑制や介護事業所の不足解消のために、政府が介護業界への一般企業の参入を促す規制緩和策を実行し、結果として事業者どうしが競争・競合する時代が訪れたのです。この競争・競合の時代を生き抜くには、一般の企業と同じように、DS事業所が独自の事業戦略を立てて実践していく必要があります。事業戦略とは会社が特定の事業での競争に勝ち抜き、利益を出し続けるための方針・方策のことであり、この戦略なくして企業(事業所)が生き残っていくことはできないのです。

事業戦略の要は、入ってくる収入が出ていく支出よりも多くなる状況を長く続けられるようにすること。このPartでは、地域密着型DSが経営を黒字安定化させるために役立つ16の事業戦略について、具体的に解説していきます。

Part 2
01 自分の事業所の強みを増やし弱みを減らす事業戦略を立てる

SWOT分析を活用して強みと弱みを明らかに

> 経営・事業分析の手法であるSWOT分析を活用して事業所の強みと弱みを明らかにし、競争を勝ちぬくことができる事業戦略を立てましょう。

競争を勝ち抜く事業戦略を立てる

　一般の企業は、最初に経営戦略を立て、次に実施する各事業について事業戦略を立てて事業を実施していきます。ただ、地域密着型デイサービス (DS) は、基本的に DS 事業だけを行なっているので、最初から事業戦略を立てればよいでしょう。**事業戦略とは、会社が特定の事業において競争に勝ち抜き、利益を出し続けるための方針・方策のこと**。この戦略なくして企業が生き残っていくことはできません。

　では、この事業戦略は、どのように立てればよいのでしょうか？　一般の企業では、事業戦略を策定するときに SWOT（S：強み、W：弱み、O：機会、T：脅威）分析がよく使われます。**SWOT 分析手法を用いることで、自分の事業所の特性を客観的に把握することができ、それに基づいて事業所の強みを増やし弱みを減らす事業戦略を立てることが可能**になります。

※経営・事業戦略と SWOT 分析に関する解説が Part5「13. 経営・事業戦略と SWOT 分析」(P.146) にあるので必要に応じて参照してください。

SWOT分析を用いて事業所のS（強み）とW（弱み）を明らかにする

　SWOT のうちの**内部的な競争要因（S と W）を明らかにする**ことによって、**自分の事業所の特性を分析・把握する**ことが必要です。

地域密着型 DS の強みの例
・管理者が看護師であり、利用者の健康管理や医療機関との連携がしやすい
・自宅を改装して開業したので、土地建物の購入費用や家賃がかからない

・腕のいい調理担当者がいるので、利用者が喜ぶ食事が提供できる
・近くに商店街があるので、利用者と一緒に外食や買い物に出かけられる
地域密着型DSの弱みの例
・利用者のためのスペースが基準ぎりぎりで少々窮屈である
・段差が多いなど、ユニバーサルデザインになっていない
・キッチンスペースが狭く、利用者の食事をつくることが困難である
・一昔前の和風の建物で、おしゃれ感がない

　上記の例を参考に、事業所の強みと弱みを客観的に分析してみてください。

強みを増やすにはどうしたらよいか

　たとえば、「管理者が看護師であり、利用者の健康管理や医療機関との連携がしやすい」という強みがある場合は、非常勤の看護師を追加することですべての利用時間帯をカバーし、利用者の健康維持プログラムを恒常的に実施したり、利用者がかかっている内科や歯科のクリニックと積極的に連携したりすれば、大きなアピールポイントになるでしょう。

　強みを増やすポイントは、事業所の強みが利用者やその家族にどのようなメリットをもたらすかを具体的にイメージして、スタッフが協力し合ってそのメリットを最大化する工夫をすることです。

弱みを減らすにはどうしたらよいか

　たとえば、「キッチンスペースが狭く、利用者の食事をつくることが困難である」といった弱みがある場合は、おいしくて安いと評判の食堂やお弁当屋さんと提携して、リーズナブルな値段で昼食を提供してもらう、といった逆転の発想をしてみるのもいいでしょう。

　弱みを減らすポイントは、事業所の弱みが利用者のデメリットになるプロセスを詳しく分析し、どこをどのように変えれば弱みが利用者のデメリットにならないようにすることができるか、またどうすれば弱みを強みに変えることができるかを見つけ出すことです。

Part 2
02

競争環境での機会を生かし脅威を減らす事業戦略を立てる

SWOT分析を活用して機会と脅威を明らかに

> 外部環境（競争環境）における機会（チャンス）と脅威（リスク）を明らかにし、競争を勝ち抜くことのできる事業戦略をつくりましょう。

競争要因を把握して競争で優位に立つための事業戦略を立てる

　デイサービス（DS）は、数が増えすぎて数年前から過剰な状態が続いています。このような厳しい状況では、競争相手である他の地域密着型DSや通常規模・大規模型DSとの競争要因を把握し、適切な策を講ずることが不可欠です。

　SWOT手法を活用することで、**外部的な環境（競合関係）において自分の事業所が現在どのような位置・状況におかれているのかを把握し、それに基づいて機会を生かし脅威を減らす事業戦略を立てる**ことが可能になります。

※経営戦略・事業戦略とSWOT分析に関する解説がPart5「13. 経営・事業戦略とSWOT分析」（P.146）にあるので必要に応じて参照してください。

SWOT分析のO（機会）とT（脅威）を明らかにする

　外部要因（他者との競争を左右する要因）であるOとTを明らかにすることで、**自分の事業所が外部的な環境において現在どのような位置・状況におかれているのかを分析・把握する**ことが必要です。

地域密着型DSにとっての機会（チャンス）の例
・事業所がカバーする地域が重なる他のDSが撤退または廃業した
・これまでつき合いのなかったケアマネジャーから見学の申込みがあった
・管轄の自治体からDSの紹介サイトに掲載したいとの連絡があった
・地域包括ケアシステムのなかで地域密着型DSが重要な役割を担うことが期待されている

地域密着型DSにとっての脅威（リスク）の例
・利用者を積極的に紹介してくれていたケアマネジャーが居宅介護支援事業所を辞めた
・自分の事業所がカバーする地域に新たなDSが出来ることになった
・市町村の境界付近にあり、別の自治体から新たな利用者をとりにくい
・自治体の担当者が地域密着型DSの重要性を十分認識していない

　上記の例を参考に、事業所の機会と脅威を客観的に分析してみてください。

機会（チャンス）を利用者増につなげるにはどうしたらよいか

　たとえば、「これまでつきあいのなかったケアマネジャーから見学したいとの連絡があった」場合は、ケアマネジャーに事業所のよいところをアピールして今後新しい利用者を紹介してもらう絶好の機会と考えて、そのチャンスを生かしましょう。また、「管轄の自治体（市町村）からDSの紹介サイトに掲載したいとの連絡があった」ときは、積極的に情報提供をして空き状況などの流動的な情報をこまめに更新しましょう。

　訪れた機会を利用者増につなげるポイントは、その機会にどのような可能性があるのかをしっかり見極めて、優先順位を決めて実行していくことです。

脅威（リスク）を減らすにはどうしたらよいか

　たとえば、「利用者を積極的に紹介してくれていたケアマネジャーが居宅介護支援事業所を辞めた」ときは、その居宅介護支援事業所に出向いて後任のケアマネジャーにこれまでの経緯を説明し、これまでどおり利用者を紹介してくれるようお願いしましょう。また、「自分の事業所がカバーする地域に新たなDSが出来ることになった」という場合は、普段つき合いのあるケアマネジャーやインターネットなどから情報を収集して、無理なくできる対策があれば早めに実行し、ケアマネジャーとの関係強化に努めましょう。

　脅威を減らすポイントは、リスクの根本原因を明らかにし、原因を解消／軽減する方法を見つけ、スタッフと協力し実践していくことです。

Part 2
03 採算のとれる『年間収支計画書』をつくる
黒字安定化への道筋をつけることが必要

> 今はほとんどのデイサービス(DS)が営利事業なので、年度収支が黒字になる収支計画を立てることが不可欠です。

事業年度ごとの『年間収支計画書』をつくる

　一般企業では、次の事業年度が始まる前に事業計画・予算書を作成し、年度が終了した時点で決算書を作成して計画との差異とその原因を明確にします。これと同様に、**地域密着型DSでも、下記のサンプルのような『年間収支計画書』を作成する必要がある**でしょう。

　このサンプルは、2016（平成28）年4月に小規模型（月の延べ利用者数300人以下）から地域密着型（定員18人以下）に移行したDSが2016（平成28）年3月に作成したものです。「前年度決算」の欄には、前年度（2015年度）の数値を記入します。また、「決算」と「予算－決算」の欄はこの年度の決算が終了したあと記入します。このDSは開業4年目、日曜日のみ休業、平均要介護度2.3です。

通所介護収支計画書 勘定科目	予算（利用定員18人）	決算	予算－決算	2015年度決算（利用定員10人）
収入（合計）	50,580,000			26,455,800
介護報酬	48,150,000			25,255,700
食費等（保険適用外）	2,430,000			1,200,100
支出（合計）	45,330,000			24,125,936
人件費	32,380,000			16,037,258
福利厚生費	2,270,000			1,114,627
運営経費	5,040,000			2,515,261
借地料・家賃	3,000,000			3,000,000
減価償却費	2,640,000			1,458,790
年度収支	5,250,000			2,329,864

期間：2016年4月1日～2017年3月31日（単位：円）

※「予算」の数値は、次節に示す前年度の『月次収支計算書』の数値から推算しています。

黒字安定化への道筋をつける

　開業初年度に予算の年度収支が赤字なのは仕方ありませんが、開業から数年経過しているのに予算の年度収支が赤字になるとすれば、事業内容に問題があると考えられます。赤字の予算しか組めない状況が続くのであれば廃業すべきですが、**多くのケースでは、収入を増やすか支出を減らすことで黒字化できる余地がある**でしょう。

　営利事業の予算計画は、黒字を前提としたものでなければなりません。そして、もしも決算で赤字が出た場合には、計画との差異が生じた原因を分析してそれを解消する具体策を見つける必要があります。それを次年度の事業計画に盛り込めば、次年度の予算計画が達成される可能性が高まるからです。計画と決算との差異が大きくて1年で解消するのがむずかしいという場合には、次年度から数年で赤字を解消していくように予算計画を組んでもよいでしょう。

　このように、**現在経営が不安定なDS事業所は、少しがんばれば達成できそうな黒字目標（年度収支）を設定し、毎年少しずつ目標値を引き上げていくようにすれば、3～4年で"黒字安定化"を実現することが可能**です。

"前年比〇〇％増"という計画の立て方をしない

　一般企業では、毎年"前年比〇〇％増"という計画を立てるのが当たり前になっています。そして、企業現場の多くが、現実と合わない無理な目標に苦しんでいます。このような計画の立て方が通用するのは、自国の経済とその業界がともに成長を続けている場合です。ところが、今や日本の経済成長はほぼ止まり、介護業界も低迷状態にあります。

　したがって、**収支計画を立てるときに「収入」や「年度収支」を機械的に"前年比〇〇％増"に設定してはいけない**のです。地域密着型DSにとって、黒字経営を続けることは必要ですが、毎年収入を増やし続けるのが困難なのは明らかであり、成長を続けなければいけない理由もないからです。

Part 2

04 事業年度内の『月次収支計算書』を作成する

損益分岐ラインの把握が黒字経営には不可欠

> 月次の『収支計算書』を作成すれば、月ごとの収支を分析することでおおよその損益分岐点（均衡点）を見つけることができます。

月ごとに収入と支出を記入して『月次収支計算書』をつくる

　次ページの『月次収支計算書』は、月ごとの収支明細から簡単につくることができます。表の縦方向と横方向の数値を眺めていくと、収支のバランスや収入・支出の変動傾向が見えてきます。たとえば、1月の赤字が約20万円ですが、「利用者を1人増やせば約5万円の黒字にできる」ことがわかります。また、月の**平均利用者数が定員の7割を超えているのに多くの月が赤字の場合は、利用人数を増やすだけでなく、介護度の高い利用者を増やす、人件費や運営経費を下げるといった対策が必要**なことが見えてきます。

月ごとの収支からおおよその損益分岐点を見極める

　次ページのサンプルのデイサービス（DS）の場合であれば、月次収支が均衡（0）に一番近い4月の内容を目安にするとよいでしょう。「1日1人当たりの平均収入」が10,636円、稼働日が26日なので、「1日1人当たりの平均収入10,600円、1日の利用者平均7.1人、月の稼働日数26日」あたりが、月のおおよその収支均衡点（損益分岐点）と言えます。
　これを念頭において、「**稼働日数の少ない月は、利用者の数をその分増やすよう前もってケアマネジャーに声をかける**」とか「**赤字月が多い場合は、介護度の高い利用者を受け入れる体制を整える**」といった具体策を講じれば、**月次収支を改善して経営を安定させることができる**でしょう。

※損益分岐点に関する解説がPart5「14. 収支計画と損益分岐点」（P.147）にあるので、必要に応じて参照してください。

『月次収支計算書』

地域密着型DS（定員18人：開業から4年目、日曜日のみ休業、平均要介護度2.3）の『月次収支計算書』（利用定員10人時）のサンプルを示します。

(単位：円)

2015年4月～2015年9月		4月	5月	6月	7月	8月	9月
収入（合計）		1,991,096	2,397,879	2,071,731	2,262,826	2,187,900	2,280,174
内訳	介護報酬	1,897,646	2,290,579	1,973,431	2,153,976	2,099,500	2,180,574
	食費等(保険適用外)	93,450	107,300	98,300	108,850	88,400	99,600
備考	1日の平均利用者数	7.2人	8.4人	7.6人	8.1人	6.8人	7.7人
	平均収入(1日1人)	10,636	10,979	10,484	10,347	12,375	11,389
	稼働日数	26日	26日	26日	27日	26日	26日
支出（合計）		1,941,766	2,043,328	1,980,355	2,023,967	1,933,871	2,011,771
内訳	人件費	1,296,637	1,371,452	1,320,239	1,356,574	1,289,832	1,322,469
	福利厚生費	90,765	96,016	92,417	94,960	90,288	92,573
	運営諸経費	200,492	221,988	213,827	218,561	199,879	217,964
	借地料・家賃	250,000	250,000	250,000	250,000	250,000	250,000
	減価償却費	103,872	103,872	103,872	103,872	103,872	128,765
月次収支		49,330	354,551	91,376	238,859	254,029	268,403
年度累積収支		49,330	403,881	495,257	734,116	988,145	1,256,548
2015年10月～2016年3月		10月	11月	12月	1月	2月	3月
収入（合計）		2,330,777	2,037,070	2,167,510	1,747,742	2,428,722	2,552,373
内訳	介護報酬	2,217,877	1,942,370	2,070,510	1,664,942	2,323,622	2,440,673
	食費等(保険適用外)	112,900	94,700	97,000	82,800	105,100	111,700
備考	1日の平均利用者数	8.4人	7.6人	7.8人	6.9人	8.8人	8.3人
	平均収入(1日1人)	10,277	10,721	11,115	10,554	11,500	11,389
	稼働日数	27日	25日	25日	24日	24日	27日
支出（合計）		2,055,258	1,972,779	2,004,213	1,947,853	2,090,458	2,120,317
内訳	人件費	1,362,339	1,302,417	1,331,886	1,290,276	1,390,702	1,402,435
	福利厚生費	95,364	91,169	92,237	90,319	97,349	91,170
	運営諸経費	218,790	200,428	201,325	188,493	223,642	209,872
	借地料・家賃	250,000	250,000	250,000	250,000	250,000	250,000
	減価償却費	128,765	128,765	128,765	128,765	128,765	166,840
月次収支		275,519	64,291	163,297	△200,111	338,264	432,056
年度累積収支		1,532,067	1,596,358	1,759,655	1,559,544	1,897,808	2,329,864

Part 2 — 05

業務を効率化してムダを減らす

"スタッフの負担軽減"と"コストダウン"がキーワード

> 業務の効率化なくして収益事業は成り立ちません。ただし、効率化はスタッフの負担を増やすものではなく減らすものでなければなりません。

業務の流れと役割分担を見直して効率化を図る

　小規模なデイサービス（DS）の1日の業務（事務処理以外）の標準的な流れを示します。この流れを事業所の実情に合うよう修正し、どのスタッフにどの業務を割り振るか決めましょう。**ポイントは、手薄な業務がなく、スタッフの負担にムラがないようにすること**。なお、表中の業務は並行して行うものがあるので、実際のタイムスケジュールは並列的に組んでください。

時刻	業務	時刻	業務
8：00	送迎	13：00	スタッフ食事（時差交代）
9：00	バイタルチェック		トイレ誘導（随時）
	リラックス体操実施		記録記入（適時）
10：00	お茶出し	14：00	レクリエーション
	入浴・更衣・整容支援		個別対応（レク非参加者）
	機能訓練	15：00	おやつ・お茶出し
	トイレ誘導（随時）		スタッフ休憩（時差交代）
11：00	記録記入（適時）		連絡帳記入
	昼食準備	16：00	送迎
	口腔体操実施		清掃・整理
12：00	配膳・利用者の着席誘導		各種記録の整理
	食事介助		翌日の準備
	食事のあと片づけ	17：00	振返り・情報共有の会

　仕事は「段取り8分」と言います。段取りの仕方しだいで、仕事の効率を何割か上げることはむずかしくないのです。

スタッフによる記録記入を簡便化する

　介護の現場では、**各種の書類、特に介護記録の作成（日常的な情報記入**

がスタッフにとって大きな負担になっているようです。

これを軽減する方法としては、下記の4つが考えられます。

①	関連する記録の書式を整理し、同じ情報を何度も記入しなくて済むようにする
②	タブレット型情報端末（iPadなど）を各職員に配布し、業務の合間にどこでも手軽に情報が記入できるようにする
③	無線LAN（Wi-Fiなど）でタブレットから常設パソコンに記入済みの記録を簡単に送れるようにする
④	ある書類に情報を記入すると、関連する記録に自動転記されるようにする

③は、記録類を定型メールで常設パソコンに送信する仕組みを利用すれば簡単に実現できます。④は、記録類を作成するアプリケーションを統一して（Microsoft WordやMicrosoft Excelに）、記録類に共通する項目の情報を自動転記するマクロを組んでもらえば、実現できます。WordやExcelのマクロが組める人であれば、それほどむずかしい作業ではありません。

スタッフの負担が軽減されればコストダウンも実現する

「スタッフの負担軽減とコストダウンは両立するのか？」と疑問に思う人もいるでしょうが、次に示す図式のように両立は可能です。

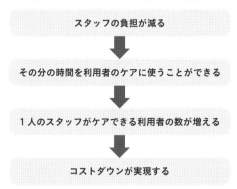

実際はこれほど単純ではありませんが、**スタッフの負担軽減がコストダウンにつながることは間違いない**でしょう。また、負担軽減にはモチベーションアップという副産物があり、これも結果的にコストダウンにつながります。

Part 2 06 介護報酬を増やす具体策を講じる①

定員増、稼働率向上、介護報酬単価アップの方策を考えよう

> 「定員を増やす」、「稼働率を上げる」、「利用者1人当たりの介護報酬単価を上げる」のなかで自分の事業所でできることを積極的に行いましょう。

18人への定員増を積極的に検討しよう

　小規模型デイサービス（DS）から地域密着型DSへの移行に伴って、**利用定員を18人まで増やすことが可能**になりました。しかし、まだ定員を増やしていないところも多いようです。

　定員増（利用者増）によって、収益増加の可能性が高まります。また、定員10人でも18人でも採算のとれる利用率を70％と仮定すると、**定員18人のほうが採算ラインの利用人数を安定的に確保するのが容易**です。それは、定員10人のDSでは、入院・施設入所・死去などで利用者が2、3人減るだけで採算ラインの利用人数を下回ってしまうからです。

　定員を増やさないところが多い理由は、「現在の建物の広さがギリギリなので基準を満たせなくなる」、「介護スタッフや看護スタッフの増員がむずかしい」などです。ただ、大抵の問題は、解決策を見つけることができます。現在が賃貸物件なら家賃が変わらずもっと広いところに移れば基準を満たせるでしょう。また、介護・看護スタッフの確保は、介護・医療関係の人脈をたどって探し、相手のスケジュールに合うよう勤務形態を調整すれば、見つかる確率が高くなります。

　なお、**定員増のもう1つの大きなメリットは、1ヵ月300人という制限がなくなったこと**です。1ヵ月の上限人数がなくなったことで、**収益拡大の余地がこれまでよりはるかに大きくなった**、と言えます。

月・週の空き傾向を把握し早めに集客の働きかけをしよう

介護報酬を増やすには、稼働率の向上が不可欠です。そのためには、**月単位や週単位での稼働率（利用状況）を分析して稼働率が低いところの利用者を増やす対策を講じる**必要があります。これは、地域密着型 DS の管理者にとって、"介護報酬を増やす"ために必要不可欠な仕事です。

「空き状況のお知らせ」を作成して活用するのも、効果的です。

○○デイサービス
7月第1週 空き状況のお知らせ

20○○年7月1日現在

	月	火	水	木	金	土
デイサービスのご利用	◎	満	△	満	○	△
入浴：機械浴のご利用	◎	△	◎	△	△	△
入浴：一般浴のご利用	◎	満	○	満	○	満

※ ◎：3人以上空き、○：2人空き、△：1人空き、満：空きなし

この情報は、HPに掲載するだけでなく、つき合いのあるケアマネジャーなどに電子メールやファックスで送ったり、プリントアウトして利用者・家族に渡したりすれば、稼働率アップにつながるでしょう。

要介護度の高い利用者の比率を増やして介護報酬単価を上げよう

介護報酬を増やすもう1つの方法は、**要介護度の高い利用者を積極的に受け入れることで、介護報酬の単価を上げる**ことです。

要介護度の高い利用者が増える

利用者数が同じまたは増えた場合 　　　利用者数が減った場合

介護報酬の総額が増える　　　介護報酬の総額の減り方が少なくなる

ただし、要介護度の高い利用者を多く受け入れるには、介護スキルの高いスタッフを増やす、要介護度の高い人が使いやすいよう施設・設備を改修する、などを実施する必要があります。

Part 2 07

介護報酬を増やす具体策を講じる②

加算の取得や増額の可能性を検討しよう

> 新たな加算の取得や増額が介護報酬を増やす効果的な策であることを踏まえて、取得・増額の可能性を積極的に検討しましょう。

加算の種類と概要を把握しよう

地域密着型デイサービス（DS）が取得できる主な加算は下表のとおりです。

DS事業所が取得できる主な加算	
認知症加算	60単位／日
中重度者ケア体制強化加算	45単位／日
個別機能訓練加算Ⅰ	46単位／日
個別機能訓練加算Ⅱ	56単位／日
サービス提供体制強化加算（Ⅰ）イ	18単位／回
サービス提供体制強化加算（Ⅰ）ロ	12単位／回
サービス提供体制強化加算（Ⅱ）	6単位／回
サービス提供体制強化加算（Ⅲ）	6単位／回
介護職員処遇改善加算（Ⅰ）	1月につき 所定単位×40／1000
介護職員処遇改善加算（Ⅱ）	1月につき 所定単位×22／1000
介護職員処遇改善加算（Ⅲ）	1月につき 所定単位×22／1000の9／10
介護職員処遇改善加算（Ⅳ）	1月につき 所定単位×22／1000の8／10

認知症加算と中重度者ケア体制強化加算の取得・増額を検討する

2015（平成27）年4月に新設された認知症加算（60単位／日）と中重度者ケア体制強化加算（45単位／日）を取得する要件は、下記のとおりです。

認知症加算の要件
イ　指定基準に規定する介護職員または看護職員の員数に加え、介護職員または看護職員を常勤換算方法で2人以上確保していること。
ロ　前年度または算定日が属する月の前3ヵ月間の利用者の総数のうち、認知症高齢者の日常生活自立度Ⅲ以上の利用者の占める割合が20％以上であること。
ハ　指定通所介護を行う時間帯を通じて、認知症介護指導者研修、認知症介護実践リーダー研修、認知症介護実践者研修等を修了した者1人以上がもっぱら当該指定通所介護の提供に当たること。
※認知症の進行緩和に役立つケアを実施するプログラムを作成すること。

中重度者ケア体制強化加算の要件
イ　指定基準に規定する介護職員または看護職員の員数に加え、介護職員または看護職員を常勤換算方法で 2 人以上確保していること。 ロ　前年度または算定日が属する月の前 3 ヵ月間の利用者の総数のうち、要介護 3 以上の利用者の占める割合が 30％以上であること。 ハ　指定通所介護を行う時間帯を通じて、もっぱら当該指定通所介護の提供に当たる看護職員を 1 人以上確保していること。 ※中重度者の社会性の維持を図り、在宅生活の継続に役立つケアを実施するプログラムを作成すること

※両方の基準を満たす場合は、2 つの加算を同時算定することも可能です。

　認知症加算と中重度者ケア体制強化加算をまだ取得していない地域密着型 DS がこの 2 つの加算を取得すれば、基本報酬の引下げ分をかなり補うことができます。

　これらの加算については「人員を増やすと加算分よりもコストが増える」といった声もあるようですが、**利用者の定員を増やすことと一緒に検討すれば加算取得の効果が高まる可能性がある**ので、再度検討することをお勧めします。

その他の加算についても取得・増額の可能性を検討する

　地域密着型 DS の経営者には、「人員的に無理」、「事務処理が煩雑」などの理由で加算の取得や増額に消極的な人もいます。しかし、**2015（平成 27）年の介護報酬改定で「基本報酬が下がった代わりに加算の種類が増え既存の加算も補強された」**ことを考えれば、加算の取得・増額を積極的に検討すべきです。

　加算には人員の増員、事務作業の増大、コストの増大などのマイナス要因もありますが、「人件費を切り詰める」といった消極的な方法ではなく、「**とれる加算をしっかりとる**」という攻めの姿勢で介護体制を強化していかなければ、基本報酬の引下げ分を補って黒字安定化を実現することはむずかしいのです。

Part 2
08

介護報酬を増やす具体策を講じる③

時間延長サービスと宿泊サービスの提供を検討しよう

> 時間延長サービス（保険適用）と宿泊サービス（保険適用外）の提供に必要な労力と得られる効果を比較検討してみましょう。

朝・夕の時間延長サービスの提供を検討しよう

　利用者の家族に共稼ぎ夫婦が多い地域では、朝・夕の時間延長サービスの需要がかなりあるようです。また、**独居の利用者の場合は、「朝食や夕食をつくるのが億劫」、「1人で食事をしたくない」といった理由から延長サービスを利用する人が結構いる**ようです。特に、小規模で家庭的な雰囲気のデイサービス（DS）の場合は、できるだけ長くそこで過ごしたいという利用者もいます。

　このサービスは需要が多く、これを使う利用者は定着率が高くなる傾向があるので、提供効果はかなりあると言えます。ただ、その分スタッフの負担が増えるため、増員も含め人員体制を組み直す必要があります。

　参考までに、ある地域密着型DSの時間延長サービスと食事提供の料金を示します。

	時間延長サービス（3時間延長まで利用可）		
	1時間未満の延長利用	2時間未満の延長利用	3時間未満の延長利用
自己負担額	50円	100円	150円

	延長時間中の食事の提供	
	朝食	夕食
時間	午前7時30分〜午前8時30分	午後6時〜午後7時
利用料金	350円	650円

※利用料金は、食材料費＋調理費です。

宿泊サービスの提供を検討しよう

宿泊サービスは日中のサービスと一緒に利用するケースが多いようです。参考までに、ある地域密着型 DS の通常の利用料金と宿泊サービスの利用料金を示します。

地域密着型 DS の利用料金（7 時間以上 9 時間未満の場合）					
区分	基本単位	保険給付額	自己負担	昼食	利用者の負担総額
要介護 1	735	6,706 円	746 円	500 円	1,246 円
要介護 2	868	7,920 円	881 円	500 円	1,381 円
要介護 3	1,006	9,180 円	1,020 円	500 円	1,520 円
要介護 4	1,144	10,440 円	1,160 円	500 円	1,660 円
要介護 5	1,281	11,690 円	1,299 円	500 円	1,799 円

この DS の宿泊サービスの利用料金は、下記のとおりです。

宿泊サービスの利用料金	
宿泊代	1,980 円（1 泊）
食事代	夕食：650 円　　朝食：350 円
洗濯代	300 円　※通常の着替え一式分
合　計	3,280 円（夕朝食・洗濯つき、1 泊）

※前日・翌日のデイサービスと組み合わせる場合は、送迎の減算により自己負担総額が減額されます（送迎 1 回につき－ 50 円）。

デイサービスと宿泊サービスを併用する場合の料金は、下記のとおりです。

利用料金の例（要介護 2 の人が 1 泊 2 日で利用するケース）	
デイサービス利用料（2 日分）	1,381 円× 2 日－ 50 円× 2 回＝ 2,662 円
宿泊サービス利用料（1 泊分）	1,980 円＋ 650 円＋ 350 円＋ 300 円＝ 3,280 円
合計料金	2,662 円＋ 3,280 円＝ 5,942 円

時間延長サービスと同様に、**宿泊サービスは需要が多く、これを使う利用者は DS の定着率が高くなる傾向もあるので、提供効果はかなりある**と言えます。ただし、これは**保険適用外のサービスであるため、このサービス自体で採算をとるのはむずかしい**でしょう。したがって、サービス自体の採算も含めた検討が必要です。

Part 2 09 達成してほしいサービスの品質目標をスタッフに明示する

管理者が手本を示すのが達成の早道

> 介護サービスの品質目標を明示し管理者が実践して見せることで、達成すべきサービスの品質レベルをスタッフに実感してもらいましょう。

介護サービスの品質目標をスタッフに明示する

　デイサービス（DS）の管理者は、**スタッフに達成してほしいと考える品質目標を明確に示す必要がある**でしょう。**利用者に提供するサービスの品質が事業の成否を大きく左右する**からです。広島県が公表している『通所介護サービス評価項目』のなかから「サービス内容」に関係する評価項目を抜粋して次ページに示してあります。これを参考にすれば、管理者がイメージする介護サービスの評価目標を容易に作成することができるでしょう。

※『通所介護サービス評価項目』の全文は、広島県庁ホームページの「介護保険事業者向け情報」内の「通所介護サービス評価基準（91項目）」からダウンロードできます。

管理者が実践して見せるのが早道

　いくらすばらしい品質目標を掲げても、スタッフがいいと思わなければ意味がありません。利用者を長期間ケアするなかで経験知を積み重ねてきた介護スタッフにこれまでのやり方を変えてもらうには、「そのほうがいい」と思ってもらう必要があります。**品質目標をスタッフに納得・実践してもらう一番の早道は、管理者が現場に入って実際にやって見せること**です。

　ただ、そのなかで、スタッフから「これは実際に無理だからこうしたほうがよいのでは？」といった指摘を受けることもあるはず。**妥当な指摘を積極的に取り入れれば、品質目標がより現実味のあるものになり、スタッフからの信頼も高まる**でしょう。

広島県が公表している『通所介護サービス評価項目』（抜粋）

II　サービス内容	
1　各サービスに共通する項目（質問事項は省略）	
自立支援	
健康管理	
コミュニケーション	
利用者の意向の尊重	
2　サービス提供の事前事後に関する項目（質問事項は省略）	
サービス提供の事前準備	
事後処理	
3　個々のサービスに関する項目	
食事	食事をおいしく食べられる雰囲気づくりを行なっていますか。
	食前、食後の衛生面の配慮を行なっていますか。
	利用者の心身の状態に配慮した適切な内容の食事が提供されていますか。
	利用者の心身の状態（摂食・嚥下障害等）に合わせた食事介助をしていますか。
	食事中の事故について、緊急に対応できるようにマニュアル化がされていますか。
入浴・清拭	利用者の身体状況に合わせた入浴および入浴介助、清拭を実施していますか。
口腔ケア	定期的に口腔ケアが適切に行われていますか。
排泄	心身の状況に合わせた排泄介助を行なっていますか。
	利用者のプライバシー・心身面に配慮した排泄介助を行なっていますか。
痴呆性高齢者	痴呆の状態に配慮したケアに努めていますか。
	痴呆性高齢者の問題行動等の観察と分析を行い、その行動への適切な対応を行なっていますか。
	痴呆性高齢者と家族が安心して生活できるよう、環境の整備、サービスの提供を行なっていますか。
活動プログラム	利用者の身体的・精神的能力、性別、嗜好等を考慮したレクリエーション等の健康増進に努めていますか。
	介護予防について、適切なプログラムを作成し、介護予防に努めていますか。
	休息時間にベッドが用意されていますか。

Part 2 — 10

やる気のある介護スタッフを採用し指導・教育する

サービスの質向上は介護スタッフのやる気と介護力しだい

> 小規模なデイサービス（DS）が成長していくには、やる気のある人を採用して適切な教育を施して大事に育てていくことが肝要です。

"やる気"のある人材を採用することから始めよう

　人手が足りないからと言って**やる気のない**スタッフを採用してしまうと、**ほかのスタッフにやる気のなさが伝染して、介護サービスの質が下がってしまう**恐れがあります。「やる気と介護能力のどちらを優先させるべきか？」という話をよく耳にしますが、**介護スタッフの採用では、やる気のある人を第一に選ぶべき**です。介護能力については、社会人としての基礎能力（下表を参照）が備わっていれば、適切な指導・教育を施すことで徐々に高めていくことができます。ただし、これらの基礎能力のどれかが著しく劣っている場合は、教育によって向上させることはむずかしいので、注意が必要です。

・コミュニケーション力	・周りの人と協調する力
・仕事に必要なことを学ぶ力	・変化に柔軟に適応する力
・課題を見つけて解決する力	・ストレスをコントロールする力

スタッフの"介護力"を向上させる責任は管理者にある

　ここで言う"介護力"とは、以下に示すような能力のことです。

・利用者や家族と円滑に対話する力（コミュニケーション力）
・身体的・精神的ケアを的確かつ適切に行う力
・認知症の利用者に適切に対応する力
・介護の課題を発見して解決策を見つけ出す力
・効果的なレクリエーションを企画して実践する力
・他のスタッフと協調・協力してチームで成果を出す力

　上表に示すような能力は、現場での経験を積むことでしだいに高まってい

きます。しかし、それだけでは介護力の向上に時間がかかってしまうでしょう。DSの管理者は、スタッフ一人ひとりの介護力向上プランをつくり、OJT（オンザジョブトレーニング：現場で上司や先輩が仕事の仕方を指導すること）と外部・内部研修を組み合わせて教育・育成していく必要があります。

OJTと外部・内部研修を積極的に実施しよう

　スタッフのOJTや外部・内部研修にはコストがかかりますが、介護サービスの質を高めるための人材教育投資と考えて積極的に実施しましょう。
　OJTを効果的に実施するポイントは、**「誰に誰をどのくらいの期間どのように指導してもらうか、その結果どういう効果を期待しているか」を、指導する側と指導される側に明確に示す**ことです。また、内部・外部研修を効果的に実施するポイントは、**期待効果目標を最初に設定し、それが達成できる内部・外部研修を選択し組み合わせて年間実施計画を立てる**ことです。外部研修については、何らかの資格取得（認定）につながるものを優先させれば、スタッフのキャリアアップにもなります。

スタッフの"やる気"を引き出す工夫をしよう

　"やる気"を引き出す工夫をすることで、スタッフがこれまで以上に力を発揮できるよう努めましょう。スタッフのやる気を引き出すためにDSの管理者ができるのは、下表に示すようなことです。

スタッフのやる気を引き出すために行うべきこと
・スタッフの介護力が向上した部分を積極的にほめる
・利用者や家族から感謝された話をスタッフみんなでする
・ここを改善すればこういうよい結果が得られるという前向きな指摘をする
・スタッフが得意そうなことについて積極的に質問する
・みんなでがんばろうという雰囲気になるようミーティングをリードする

Part 2
11 ケアマネジャー&利用者・家族と "いい関係"を築く

ケアマネジャーは利用者・家族の"代理人"

> 地域密着型デイサービス(DS)の経営を安定させるには、居宅介護支援事業所のケアマネジャーや利用者・家族と"いい関係"を築くことが不可欠です。

地域密着型DSの"顧客"は誰なのかを見極めよう

DSの直接的な顧客は、利用者本人です。しかし、身体的・精神的な衰えや病気のせいで家族にケアされている利用者の場合は、**家族が保護者の立場で担当のケアマネジャーやDSとかかわる**ことになります。

また、新規顧客の獲得という視点から見ると、新たに利用を希望する人やその家族がDSに直接連絡してくることはほとんどなく、居宅介護支援事業所のケアマネジャーが窓口になります。つまり、**担当のケアマネジャーは利用者・家族の代理人的な立場でDSとかかわることになる**のです。言い方を換えれば、ケアマネジャーはDSにとって"間接顧客"と言えます。

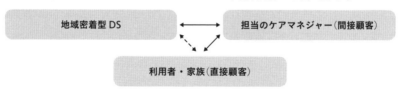

居宅介護支援事業所のケアマネジャーと"いい関係"を築こう

規模が小さい地域密着型DSにとって最大の課題は、新規顧客を獲得し既存顧客を維持することによって収益の基盤を安定させることです。**新規顧客を獲得する一番の早道は、居宅介護支援事業所のケアマネジャーに利用希望者をどんどん紹介してもらうこと**でしょう。

それには、DS事業所の**管理者または生活相談員がケアマネジャーと"いい関係"を築くことが必要**です。多くのケアマネジャーは"そこそこの関係"

の人よりも"いい関係"の人に利用者を紹介したいと思うからです。けれど、**"いい関係"は一朝一夕で出来るものではなく、"有益"かつ"快適"なコミュニケーションを根気よく続けていくことで築かれるもの**です。

　この考え方は、近年多くの日本企業が導入しているCRM（顧客との関係性のマネジメント）というマーケティング手法に基づくものです。CRMに関する解説が、Part5「16. CS（顧客満足）とCRM（顧客関係性マネジメント）」（P.149）にあるので、必要に応じて参照してください。

利用者と"いい関係"を築こう

　DS事業所が利用者と"いい関係"を築く基本は、利用者の希望に沿うサービスを過不足なく提供して満足してもらうことです。ただし、これは事業所と利用者との関係の話です。このほか、利用者と介護スタッフ個人との関係も、利用者の満足感を大きく左右します。こちらは個人対個人の関係ですから、"有益"かつ"快適"なコミュニケーションを根気よく続けることで築くしかありません。**利用者と"いい関係"が築ければ、スタッフのモチベーションが上がり、サービスの質も高まる**のです。

利用者の家族と"いい関係"を築こう

　家族のサポートを受けながら生活している利用者については、サポートしている家族（保護者）とも"いい関係"を築く必要があります。それは、**DSを利用する日数・曜日を決めたり、DSを変えたりする実質的な決定権を家族がもっているケースが多い**からです。利用者の家族と"いい関係"を築くために、下記のようなことをしっかり続けていきましょう。

・連絡帳を活用して家族と有益・快適なコミュニケーションをとる
・重要な出来事について電話でていねいに説明する
・送迎時の対話を大事にする
・利用者宅でのサービス担当者会議を信頼向上の場にする

Part 2 — 12

地域連携方針と広報戦略を立てる

地域との連携は広報戦略と密接に関係している

> 地域密着型デイサービス（DS）の集客力を高める方法の1つに、地域の介護関連機関と連携しながら積極的に広報・集客を行なっていくことがあります。

事業所の実情に合う地域連携方針を立てて積極的に実践しよう

　地域のどのような組織や団体とどう連携していくのかは、地域密着型DSにとって重要な課題の1つです。また、それをDS事業所の誰が担当するのかも大事です。連携担当者は、DSの顔になるからです。一般的には、介護の現場と組織全体の状況を把握している生活相談員（管理者が兼務する場合もある）が連携を担当します。

　規模の小さい地域密着型DSがいろいろな組織や団体と幅広く連携するのは困難です。ですから、**連携が必要と考えられる下記のような組織・団体に優先順位をつけて事業所の身の丈に合う地域連携方針を立て、その方針に従って連携していく**のがよいでしょう。

・居宅介護支援事業所	・警察・消防署・保健所など
・自治体の高齢者保健関係の部署	・介護関係の専門学校・大学（学部）
・地域包括支援センター	・福祉系のボランティア団体
・病院・医院・歯科医院など	・近隣の自治会・商店会など
・地域のDS事業者連絡会や協会	・近隣の保育園・幼稚園・小学校

　地域連携には、人脈が広がり知名度が上がって集客につながるというメリットもあるので、無理のない範囲で積極的に取り組みましょう。

地域密着型DSの主要な広報ツールはHPとパンフレット

　地域密着型DSが自力でホームページ（HP）をつくるのはなかなかむずかしいでしょうし、カラーパンフレットをつくる余裕がないところも多いでしょう。けれども、地域のなかでその存在や特長を知られていなければ、利

用者を集めることは困難です。「今はなんとか利用者が集まっている」という事業所でも、利用者の入院・施設入所・転居・死去などが重なると、一気に赤字に転落してしまいます。規模が小さくても営利事業なのですから、**最低限、HPとカラーパンフレットはつくったほうがよいでしょう**。

HPについては、曜日ごとの空き状況が表示されることと、空き状況と更新日の情報をDS側で簡単に更新できることが必要です。**カラーパンフレットについては、オンデマンド印刷（必要部数を少しずつまとめて印刷する方式）を利用すると費用が抑えられる**でしょう。また、必要なときにHPのページを光沢紙にプリントアウトしたものをクリアファイルに入れて渡すようにすれば、パンフレットの作成費用を抑えることができます。

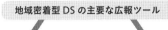

地域密着型DSの主要な広報ツール

タイムリーに情報発信できるHP
空き状況などの情報を常時更新

DSの特長を的確に伝えるカラーパンフレット
ケアマネジャーや家族などに適時配布

HPとパンフレットを活用する広報戦略を立てて実践しよう

大規模なDSやフランチャイズ系のDSの場合は、広報戦略の要はテレビ、新聞、雑誌、インターネットなどへの広告掲載です。ですが、規模が小さく資金も少ない地域密着型DSがそのような媒体に広告を出すことは、費用対効果がよくないのでお勧めできません。

そんなことをしなくても、**HPの情報更新をこまめに行うことと、カラーパンフレットを使ってなるべく多くのケアマネジャーに自分のDSの特長（強み）を知ってもらうことで、かなりの効果が得られる**のです。

このほか、地域包括支援センター、社会福祉協議会、近くの医院や歯科医院、近隣を担当する民生委員などにパンフレットをもってあいさつに行くといった地道な広報活動を続ければ、地域での認知度が上がり、結果的に集客につながっていきます。**地域での広報活動のポイントは、組織対組織のネットワークではなく、人的ネットワーク（人脈）づくりを意識することです**。

Part 2

13 クレーム対応をチャンスに変える取組みをする

クレーム対応がよければ、逆に信頼が高まる

> クレーム対応を面倒な"あと始末"ではなく利用者や家族の信頼を高める"チャンス"と捉え、クレームに的確・適切に対応する取組みをしましょう。

クレーム対応を"あと始末"と考えてはいけない

　一昔前までは、クレーム対応にはミスの"あと始末"という負のイメージがあり、みんながやりたがらない仕事でした。ところが、日本企業のなかに、**「誠心誠意対応するうちに、最初は怒っていたお客様の気持ちがだんだん和らぎ最後には感謝してくれるケースが多い」**ことに気づき、**クレーム対応を信頼向上の"チャンス（好機）"と捉える**ところが出てきました。ある調査では、**「クレーマーの８割以上がサポーターになり得る」**そうです。今では、多くの企業がこの考えを取り入れ、クレーム対応をチャンスとして生かす取組みをしています。

　しかし、規模の小さいデイサービス（DS）では、前向きなクレーム対応ができていないところもあるようです。管理者や生活相談員が後ろ向きに対応すると、下図のような悪い流れになる恐れがあるので気をつけましょう。

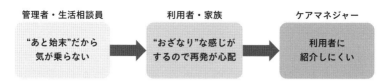

適切なクレーム対応は利用者・家族の信頼向上につながる

　優良な企業が心がけているのは、「**親切な対応をしてくれたので、十分納得しました。これからもよろしく**」と言ってもらえるクレーム対応です。

　これと同じように、地域密着型DSでも、管理者や生活相談員が前向きな

対応をすることで、下図のようにピンチをチャンスに変えることができるようになります。

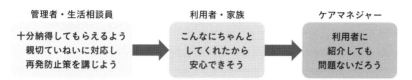

2つの図に示したように、利用者・家族の向こうに担当のケアマネジャーがいることを忘れてはいけません。**いいことも悪いことも、利用者や家族からケアマネジャーに伝わる**と考えてください。DSの管理者・生活相談員は、適切なクレーム対応を心がけ、利用者・家族の信頼向上につなげましょう。

クレーム対応のキーワードは"親切ていねい"と"再発防止策"

利用者や家族からのクレームに適切に対応するポイントは、次の2つです。

・"親切ていねい"な対応の仕方を想定事例ごとに具体的に指示すること
・効果的な"再発防止策"を想定事例ごとに示すこと

たとえば、入れ歯、メガネ、補聴器のように身につける大事な物がなくなったという連絡が入った場合は、「すぐに施設内や送迎車内を探してから連絡を入れます。しばらくお待ちください」と返事をし、探した結果を電話で伝えます。見つかった場合は、その日のうちに届けてお詫びする必要があります。見つからない場合は、「大変申し訳ありませんが、ご利用者様の手荷物やご自宅も探していただけないでしょうか」とお願いしましょう。ほとんどのケースでは、これで見つかりますが、万一見つからない場合は、弁償も考えなければなりません。

再発防止策については、「迎えの車のなかか施設への到着時に、必ず利用者が普段身につけている物をリストで確認する」、「事業所から出る前に、置き忘れた物がないかリストでチェックする」、「足りない物があるのに見つからない場合は、屑かごや食事の食べ残し（入れ歯の場合）も探す」というルールを明記するとよいでしょう。

Part 2 — 14

運営推進会議を"アドバイザーチーム"に変える工夫をする

アドバイザーたちに事業所を支えてもらうという発想を

> 運営推進会議が"監視委員会"ではなく自分の事業所を支えてくれる"アドバイザーチーム"になるようにいろいろな工夫をしましょう。

運営推進会議についてきちんと知っておこう

地域密着型デイサービス（DS）に開催が義務づけられた運営推進会議について、まだよく理解していない管理者もいるようです。まず、**運営推進会議の目的、報告すべき内容、構成メンバーなどについて、しっかり把握しておく必要があります**。

○開催の目的
事業所側が活動状況を報告し、委員からさまざまな意見や要望を聞いて事業運営に反映させていくことで、地域に開かれた事業所運営やサービスレベルの向上を図る
○会議で報告すべき事柄
「利用者数、平均年齢、平均要介護度」、「日常のサービス提供状況」、「イベント等の開催状況」、「事故やヒヤリハットの件数、発生状況と改善策」、「クレーム対応の取組み」、「利用者の健康管理の取組み」、「防災の取組み」、「地域連携の取組み」など
○開催の頻度
おおむね6ヵ月に1回
○会議の構成メンバー（委員）
「利用者」、「利用者家族」、「地域住民の代表者」、「市職員または地区の地域包括支援センター職員」、「地域密着型サービスに知見を有する者」など

適切なメンバーを探して事業所の理念・方針を理解してもらおう

運営推進会議の設置に関して最初にすべきことは、地域密着型DSの事業内容を理解して協力してくれそうなメンバー（委員）を集めることです。いろいろな委員候補者に会って話をすることを通じて適切なメンバーを集めることができれば、**運営推進会議を"監視委員会"ではなく自分の事業所を支えてくれる"アドバイザーチーム"にする**ことが可能だからです。

利用者やその家族のなかには、介護サービスに理解の深い人や見識の高い人がいるでしょうから、そういう人に協力を要請するとよいでしょう。役所や地域包括センターの職員については、先方が人選するケースもあるでしょうが、可能であればDSに理解の深い人になってもらいましょう。また、できれば、近隣の医院や歯科医院の医師や看護師、介護に理解がある自治会役員などに委員をお願いするとよいと思います。このほか、法律や行政に詳しい弁護士や司法書士に委員になってもらえれば、心強いでしょう。

　ただし、こういう人たちに委員になってもらうには、**社会倫理に照らして適正な運営をする覚悟が必要**です。DSの経営に関して、CSR（企業の社会的責任）と情報公開（ディスクロージャー）という意識をもちましょう。詳しくは、Part5「18. CSR（企業の社会的責任）とディスクロージャー（情報公開）」（P.151）を参照してください。

メンバーからアドバイスをもらって積極的に運営に生かそう

　上記のように選んだメンバーには、事業所の情報を包み隠さず開示して、忌憚のない意見をもらいましょう。メンバーから出される意見に真摯に耳を傾けてできるだけ反映させるようにしていけば、事業所と管理者に対する信頼感が生まれ、"第三者的な意見"がしだいに"生産的なアドバイス"に変わってきます。そうなれば、事業所の外に、"アドバイザーチーム"が誕生することになるのです。

　友好的なアドバイザーたちの意見を積極的に生かしていけば、経営・運営の質が高まり、今よりもDSの経営が安定していくことは間違いありません。

　この会議は、小規模多機能型居宅介護や認知症対応型共同生活介護などでは2ヵ月に1回以上開催されるので、この**チームがうまく機能するようになったら、6ヵ月に1回より回数を増やすことを考えてもよいでしょう**（「おおむね6ヵ月に1回」と規定されているだけなので、それより多く開催しても問題はありません）。

Part 2
15

関連事業の立上げを検討する

現有の人材・資源を活用できるかどうかが成否のカギ

> 地域密着型デイサービス(DS)の経営を安定させる方策として、現有の人材・資源を生かせる関連事業がないか検討してみましょう。

関連事業はDSの経営を安定させる方策の1つ

　地域密着型DSの経営が安定しにくい大きな原因は、利用定員が少ないために利用率(定員に対する利用者実数の割合)が変動しやすいことです。つまり、入院・施設入所・死去などの不可抗力で利用者が数人減っただけで収益が採算ラインを簡単に下回ってしまうのです。

　このリスクを減らして経営を安定させる方策の1つに、DSに関連する事業を展開することがあります。実際に、居宅介護支援事業、介護機器のレンタル事業、介護用品の販売事業などを行なっている地域密着型DSもあり、なかには関連事業の収益がDS事業の収益を上回っているところもあります。

上図に示した以外にも、介護関連事業はたくさんあります。

自分のDSに向く"関連事業"を探そう

　関連事業を成功させるには、まず自分の地域密着型DSにどんな関連事業が向いているのかをしっかり見極めることが必要です。たとえば、それほど

広くない土地・建物で DS 事業を行なっている場合に介護機器・用品の販売のレンタル事業を始めようとすると、かなりの投資をしなければなりません。

地域密着型 DS にとって始めやすい介護関係事業と言えば、居宅介護支援事業でしょう。この事業を行なっていない DS は、検討をお勧めします。ここは利用希望者が問い合わせる最初の窓口なので、相乗効果が高いからです。

その他の事業については、「収益が得られそうな事業か」と「できそうな事業か」をよく考えて選ぶ必要があります。"できそうな事業" とは、現有資源を活用することでそれほど負担なく始められる事業のことです。

関連事業の成否のカギは現有資源の活用にある

ここで言う現有資源とは、次に示すようなものを指します。

- DS 用の土地・建物・車・機器など
- DS のスタッフ（生活相談員、介護福祉士、看護師など）
- 外部の人的ネットワーク（司法書士、行政書士、税理士、弁護士など）
- 関係のある機関・組織とのネットワーク

上記のうち、**土地・建物・車・機器などの資源をうまく活用すれば、投資をあまりせずに関連事業を始められる**可能性があります。また、DS 内部の人材や外部の人的・組織的なネットワークを適切に活用すれば、**土地・建物などの資源や資金をあまり使わず事業を始められる**でしょう。

人材を流動させることでキャリアアップを図ろう

地域密着型 DS のスタッフは多くても十数人であり、職種・職位も限られています。したがって、介護関係のキャリアを積んでキャリアアップしていきたいと考える人たちの希望を叶えることがなかなかできないのが実情です。しかし、関連事業を立ち上げて状況に応じて増やしていくことができれば、**DS 事業と関連事業との間で人材を流動させることで、スタッフのキャリアアップを図ることができる**でしょう。これは、地域密着型 DS で働くスタッフにとって大きな励みとなります。

Part 2
16 他の地域密着型デイサービスと連携・協力する

情報・ノウハウの共有とゆるやかな連携がカギ

> 地域密着型デイサービス（DS）は、地域内で他の地域密着型DSと連携し、お互いがメリットを得られるよう協力し合いましょう。

地域密着型DSが"情報弱者"にならないように連携・協力しよう

　大規模なDSやフランチャイズ系のDSの多くは、経営・事業に詳しい人材がいて、外部の専門家の力も借りています。それに対して、地域密着型DSには経営・事業に詳しい人材がいることは少なく、外部の力を借りる余裕もあまりありません。その結果、**地域密着型DSは、経営や運営に役立つ情報が十分入手できない"情報弱者"になる恐れがある**のです。

　情報弱者にならないための方策としては、下記のことが考えられます。

①	介護関係の専門新聞、専門雑誌、ノウハウ書から必要な情報を入手する
②	インターネットの介護関係の情報サイトから必要な情報を入手する
③	介護関係のコンサルタントなどによるセミナーに出席して情報を入手する
④	**地域の地域密着型DSの連携組織に加入して、そこから情報を入手する**

　①と②は、媒体やサイトから自分の事業所に適するものを選んで効率的に利用するようにすれば、かなり有効です。③は当たり外れが大きく、費用も高いものが多いので注意が必要です。

　④の地域密着型DSの連携組織は、情報の入手先としてだけでなく、相互協力の場としても活用できるので、すでに組織がある場合は加入し、まだない場合は同業の人たちに呼びかけて立ち上げることをお勧めします。

地域密着型DSの連携組織を有効に機能させる5つのポイント

　連携組織を立ち上げて有効に機能させるポイントは、下記の5つです。

ポイント①	会員DSの負担が少なくメリットが多くなるよう工夫する
ポイント②	勉強会を開いて、事例検討や情報・ノウハウの交換を行う

ポイント③	DSスタッフの教育研修や実地訓練を協力して行う
ポイント④	連携組織のホームページ（HP）を立ち上げて、情報交換・広報に活用する
ポイント⑤	市町村、都道府県、厚生労働省などに提言をしていく

ポイント① 会員DSの負担が少なくメリットが多くなるよう工夫する

まず、連携組織は縛りがゆるやかでなければなりません。それは、地域密着型DSの管理者には、時間的な余裕があまりないからです。**形式的な活動をできるだけなくして、参加すれば何らかのメリット（効果）がある活動に絞った計画を立てる**ようにしましょう。

ポイント② 勉強会を開いて、事例検討や情報・ノウハウの交換を行う

連携組織の活動でもっとも期待できる効果は、**勉強会を通じて事例検討、情報・ノウハウの交換、さらには人脈づくりを行うことができる**ことです。課題や成果などを積極的に語り合うことで、貴重な情報・ノウハウが得られるでしょう。

ポイント③ DSスタッフの教育研修や実地訓練を協力して行う

「外部講師を招いて介護スキルを学ぶ研修を実施する」、「介護スキルが高いスタッフが講師となって実地訓練を実施する」、「意欲的に活動しているDSの介護現場を見学に行く」などで**会員DSが協力し合えば、スタッフの知識やスキルを向上させることが可能**です。

ポイント④ 連携組織のHPを立ち上げて、情報交換・広報に活用する

会員だけで閉鎖的に活動するのではなく、**連携組織のHPを立ち上げて会員どうしの情報交換や広報に役立てることが大事**です。連携組織のHPを各DSのHPとリンクさせれば、広報効果を高めることができます。余裕のある人が余裕のあるときに"お役立ちブログ"を書くのも効果的です。

ポイント⑤ 市町村、都道府県、厚生労働省などに提言をしていく

地域密着型DSの連携組織はまだそれほど多くなく、介護業界に対する影響力もほとんどありません。だからこそ、こういう組織が**実現性のある"生産的な提言"をして、地域密着型DSの環境の改善を促していく必要がある**のです。

Column 1

お客様と従業員を大切にする"日本型経営"を見直そう

　福祉的な色合いが強かった介護業界ですが、今世紀に入って規制緩和などの構造改革が進行して一般企業の参入が相次ぎ、米国的な経営手法が次々と導入されていきました。そして、"コストの削減"、"競争力の強化"、"収益性の向上"が経営の主要なキーワードとなり、「非正規雇用を増やすことでコストをできる限り減らす」とか「資本力の増強と規模の拡大によって競争力を高める」とか「できるだけ多くの顧客を獲得して囲い込むか」といったことが声高に言われるようになりました。

　合理的な経営手法の導入によって介護事業の効率化が進むのは決して悪いことではありませんが、上記のような考えを基調とする米国式の経営手法には何かが欠けているのではないでしょうか？　それは、"人を大切にする"という経営哲学です。米国式の経営では"人"も物、金、情報と同レベルの経営資源とみなされます。一方、日本には江戸時代から"人"と物や金の間に線を引く考え方が根づいており、それが近代の"日本型経営"へと受け継がれてきたのです。

　介護や医療の業界は、お客様と従業員を大切にする"日本型経営"がもっとも適する業界です。特に、家庭的な雰囲気が特長の地域密着型デイサービス（DS）は"日本型経営"なくしては成り立たない、と言えるでしょう。DS事業における"人"とは、そこで働くスタッフ（従業員）と利用者（顧客）のことです。

Part 3

独自の知恵と工夫で黒字経営を続ける地域密着型デイサービス

本書を書くための予備調査の段階で、数多くのデイサービス(DS)に聞きとり調査をし、シンクタンク(経営研究所)や信用調査機関から調査・分析資料を入手して、経営・運営状況を幅広く調べました。そこで感じたのは、小規模なDSの経営は決して絶望的な状況にはないということでした。

このPartでは、地域性や経営スタイルが異なる8つの地域密着型DSを紹介します。これらのDSへのインタビューを通じて、規模の小さな地域密着型DSが、それぞれ知恵と経験を駆使して個性的な経営・運営を行なっていることがわかりました。派手な戦略こそありませんが、そこには黒字を続ける事業所ならではのきめ細かい工夫や対応が見られます。

この事例紹介では、管理者(経営者)やスタッフの人間性やコミュニケーションの仕方、利用者・家族の満足度、スタッフの満足度といったことに重きをおいています。それは、小規模で家族的な地域密着型DSの経営・運営を大きく左右するのがこうした人間的要素だということが、取材を通じて明らかになったからです。

本書を読まれる方々は、このPartで紹介するDSとご自身の事業所との共通点・相違点を見つけて、今後の経営・運営の参考にしてください。

Part 3

01 デイサービス こころ
（埼玉県坂戸市）

- ☑ 利用定員の空きを埋めることに集中して黒字化を実現
- ☑ 利用者の生活を支援する関連事業を展開
- ☑ 隣接する整骨院がリハビリと機能訓練をバックアップ

デイサービス こころ（以下『こころ』）は、戸井田 裕さんと妻の有紀さんが役員を務める株式会社G-Heartsが2015（平成27）年3月に設立した定員10人の地域密着型デイサービス（DS）。小規模型DSの介護報酬が大幅に切り下げられた年のスタートだが、明るく元気に運営されている。『こころ』の隣には『こころ整骨院』がある。

経営者の人柄が"また来たい"と思わせる雰囲気を生み出している

　埼玉県坂戸市の『こころ』が入っている建物は、**経営者である戸井田 裕さんと有紀さん夫婦の自宅を兼ねた一戸建て**。2人がまだ30歳代と若いためか、建ってから日が浅いこの建物はモダンで、エントランスのガーデニングにも遊び心がのぞく。チャイムを鳴らすと、『こころ』の経営者兼生活相談員でありケアマネジャーでもある有紀さんが出迎えてくれた。視線を合わせて挨拶した瞬間、有紀さんの笑顔とソフトな声がこちらの心を捉え「ここに来てよかった」という気持ちを抱かせる。

　規模が小さく**家庭的なDSには、"ここに来てよかった、また来たい"と思ってもらえる雰囲気"**が何よりも大切だ。

『こころ整骨院』の責任者の裕さんと『居宅介護支援事業所こころ』の責任者の有紀さんは、互いの資格と特技と長所を発揮して『デイサービス こころ』を運営している。

利用定員の空きを埋めることに集中して
短期で黒字化を実現

有紀さんが夫の裕さんと2人で、"心に癒しの緑を"という気持ちを込めて株式会社G-Heartsを立ち上げたのは、2012（平成24）年のこと。2人は坂戸と川越という隣り合った市で生まれ育った高校の同級生だ。卒業後、裕さんは柔道整復師の学校へ、有紀さんは介護福祉士の学校へと進み、社会に出てから、裕さんは整骨院で、有紀さんは特別養護老人ホームとグループホームで、自分の専門性を高める経験を10年以上積んだ。結婚したのは5年前。

月に1回開かれる『手打ちうどんの日』は、大好評。昔とったきねづかで、利用者が積極的にうどんを打ってくれる。"つくる喜び"が利用者を元気にする。

2人で会社を設立し、裕さんが『こころ整骨院』を開き、有紀さんが『居宅支援事業所こころ』を立ち上げ、そして、一緒に『デイサービス こころ』をつくった。

『こころ』が**スタートしたのは2015（平成27）年3月**。小規模型DS事業所（当時の呼称）の**介護報酬が大幅に引き下げられ、廃業するところも出始めたころ**だった。「収支については、それほど気になりませんでした。それより、2人で思い描いたDSをどのように形にしていくかのほうが気になっていました」、と戸井田さんご夫妻。

『こころ』は加算などによる収入増加の手立てはほとんどとっていない。**利用定員がほぼ埋まっていればうまくいく**——。正攻法とも言えるその一点に運営の照準を合わせ、**ケアマネジャーや利用者・家族に利用可能な日や時間帯をこまめに伝えることで定員を埋めることに注力**。「たくさん儲けなくていい。スタッフの給料がしっかり払えればいい」と、戸井田さんご夫妻は言う。その結果、**稼働率は短期間で9割を超え、初年度から黒字**となった。

利用者の生活を支援するサービスを積極的に展開

『こころ』は、近隣の居宅介護支援事業所のケアマネジャーの間で"**利用者のニーズに柔軟に応えてくれるDS**"として知られている。**3〜5時間に入浴サービスをつけた**のも、坂戸市では『こころ』が最初だという。2016（平成28）年の春には、株式会社G-Heartsの関連会社が**自費利用の"福祉タクシー"**と**"生活サポート"の事業を開始**し、有紀さんのお母さんと妹さんが資格をとって運転・介助を担当。女性スタッフという強みも手伝って、『こころ』の利用者も病院への送迎＆院内介助などによく利用している。こうした機動性のよさは、有紀さん自身が『居宅介護支援事業所こころ』のケアマネジャーであることと深く関係している。

有紀さんが居宅介護支援事業所を立ち上げたのは、『こころ』を開設する2年前。その2年間で、有紀さんはそれまでの介護現場での勤務経験を踏まえて、利用者にとって何がよいのかを考え続けた。坂戸市には"**ケアマネ部会**"と呼ばれる居宅介護支援事業所で働くケアマネジャーの集まりがあるが、その会議に常に参加し、ほかの**ケアマネジャーと積極的に交流し、人脈をつくり、情報を収集**した。人を惹きつける有紀さんの自然体とも言える"戦略"は大成功を収める。

ケアマネ部会で『こころ』を立ち上げることを報告すると、「開設したら利用者を紹介したいから連絡して」と周囲のみんなから声をかけられた。現在も、「**空きが出たら必ず連絡して**」というケアマネジャーが多くいるという。

また、有紀さんの人柄もあって、有紀さんが居宅介護支援事業所のケアマネジャーとして担当する利用者の多くが『こころ』の利用を希望する。ほかのケアマネジャーからの要

昼食前に、20分ほどかけて、上半身の運動や"パタカラ体操"などの嚥下障害予防トレーニングを入念に行なっている。

請もあるので、『こころ』を紹介する割合を50％以下に留めているが、うれしい悲鳴である。そのなかには、「決められた**利用日以外にも空きが出たときは『こころ』に行きたい**」という利用者も数人いる。そのことがケアプランに盛り込まれていて、**誰かがショートステイをとったりしたときは、その待機組がそこを埋めてくれる**。

10年以上のキャリアをもった柔道整復師3人によるリハビリ体制

『こころ』の機能訓練指導員は、『こころ整骨院』院長の裕さんをはじめとする3人の柔道整復師。だから、**リハビリには特に力を入れている。**建物の構造上、車椅子の利用者を何人も受けることはできないが、専門職の自負をもってどんなリハビリにも対応する。整骨院で使うような電療機器も備えているので、必要に応じて電気治療を行うことも可能だ。

『こころ』の機能訓練指導員は、裕さんを含む3人の柔道整復師。リハビリ訓練はもとより、筋肉マッサージも利用者から喜ばれている。

今はリハビリに特化したDSも多いが、『こころ』はリハビリだけが売りのDSにはしたくない、とのこと。**家庭的な温かさ・和やかさを前面に出しながら、充実したリハビリで『こころ』らしさを補強する**感じなのだろう。

柔道整復師である機能訓練指導員は、個別機能訓練の指導はもとより、トレーニング後のクールダウンでも利用者になくてはならない存在となっている。トレーニングで緊張した筋肉をマッサージしてほぐしてもらう時間は、利用者にとって至福のとき。これがあれば、トレーニングも苦にならない。このマッサージはリハビリの一環として行なわれているもので、手技も効果も折り紙つきだ。

当番が腕を競う昼食づくりと食前の"パタカラ体操"

　小さなDSでは食事に力を入れているところが多いが、『こころ』の昼食もとてもおいしいと評判だ。調理はスタッフの当番制。利用者の「おいしい」という声を励みに**当番スタッフが腕を競い合うことで、メニューにバラエティが生まれ、利用者が喜ぶ料理が増えていく**。毎回写真で記録された分厚い料理日記を見せてもらうと、そこには料理上手なお母さんが腕を振るったようなおいしそうな料理の数々が並んでいた。

『こころ』の昼食はおいしいと評判。ほめ上手が多いこともあり、当番のスタッフがはりきって腕を振るう。

　この日の献立は、お赤飯、サバの塩焼き、春菊のおひたし、こんにゃくの田楽など。皆さん刻まないで食べるのかたずねると、「最初から刻むと味気ないので、最初はそのままの形でお出しするんです」。**必要がある人には、「刻ませていただきますね」と声をかけてから、目の前で刻む**とのこと。こういう何気ない心遣いも、小規模なDSならではの強みとなる。

　食事前には、**"パタカラ体操"などの口腔トレーニングを念入りに行う**。この時間は、日ごろ大きな声を出さないことが多い高齢者にとっては発声練習にもなる。体操の最後にはおなかの底から声を出して、大きな紙に書かれた北原白秋の『あめんぼの詩』を全員で朗読。『――、雷鳥寒かろ らりるれろ　蓮華が咲いたら　瑠璃の鳥――』。毎日の訓練と漢字につけられたフリガナのためか、利用者の声には淀みがない。声を出したあとの昼食では、「おいしいね」という明瞭な声があちこちから聞こえる。**声が自然に出るようになると、性格も前向きになる**。有紀さんがケアマネジャーの仕事で『こころ』から出たり入ったりするときは、まるで娘に声をかけるように「いってらっしゃい」と「おかえり」の声が飛ぶ。**小規模なDSではリーダーの人柄が現場の雰囲気を大きく左右する**が、『こころ』はそのよい例だ。

Part 3　独自の知恵と工夫で黒字経営を続ける地域密着型デイサービス

01 基本情報

事業所の名称	デイサービス こころ（2015年3月設立）
所在地	埼玉県坂戸市中小坂551-11
経営主体	株式会社G-Hearts（代表：戸井田 裕）
経営主体の他の事業	こころ整骨院、居宅介護支援事業所こころ
定休日	水曜日、日曜日、祝日、年末年始（12／29～1／3）
提供時間	3～5時間、5～7時間、7～9時間
定員	10人
現在の平均要介護度	2.4
要支援利用者の受入れ	ⓒ可　　不可
若年性認知症利用者の利用実績	有　　ⓒ無
スタッフの構成	管理者1、生活相談員2（正1、パート1）、機能訓練指導員3（正1；管理者兼、パート2）、介護スタッフ7（パート）、調理（スタッフの当番制）、送迎車運転員（スタッフの交替制）
入浴の有無	ⓒ有　　無
個別機能訓練の有無	ⓒ有　　無
独自のサービス	リハビリ全般、マッサージ、電気治療など
独自のレクリエーション	手打ちうどん、園芸作業、麻雀など
送迎車の装備	スロープつき車両、サイドリフトアップ車両
取得している主な加算	個別機能訓練加算
建物の形態（所有・賃貸の別）	ⓒ自宅兼用　独立施設
開業時の資金	自己資金（250万円）＋借入金（1000万円）
借入金の返済状況	完済　ⓒ返済中
黒字化した時期	開業時から1年目
立地条件	市内中心部　ⓒ市内辺縁部
所在市町村内利用者の割合	約80％
地域区分と一単位単価	6級地：10.27円

Part 3

02 デイサービス 調(しらべ)
(東京都調布市)

- ☑ 利用者においしい食事を提供するためにあえて配食を選択
- ☑ 利用者の個性や特技を引き出していきいきと過ごしてもらう
- ☑ 多くのケアマネジャーと密に連絡をとり合う

調布市は、新宿から京王線に乗って20分ほどの距離にある武蔵野の地。都心への利便性と武蔵野の自然を愛して、かつては多くの文人が住んだところだ。デイサービス 調(以下『調』)は、そんな調布の閑静な住宅街で、2013(平成25)年1月にスタートした。事業所は、一般の住宅を借りて改築せずにそのまま利用している。

利用者においしい食事を提供するためにあえて配食を選択

『調』の管理者兼生活相談員で、経営母体の株式会社鈴々舎代表の鈴木文昭さん。「食器はすべて、特注で焼いてもらったオリジナルなんです」。食器への心遣いから、利用者を尊重する気持ちが感じられる。

　東京都調布市の『調』を訪れたのはちょうどお昼どき。『調』では、**ご飯とみそ汁以外の調理はしていないが、使う米と味噌にはこだわっている**。長野県の木島平村の産直品を扱う市内のアンテナショップから特別栽培米と田舎味噌を購入しているのだ。キッチンでは炊きたてのご飯が湯気を立て、お皿に盛りつけられたおかずからおいしそうな香りが漂っている。おかず類は、調布市の深大寺近くにある『キッチンファミーユ』から毎日配達してもらっている。ここは地元の女性たちが地元の食材を中心に"おふくろの味"を手づくりしている人気の惣菜

店だ。**配食を頼んでいるのは、労力や経費を減らしたいからではなく、利用者においしい食事を提供したいから**とのこと。

『調』にはデイサービス（DS）につきものの献立表というものがない。毎回栄養バランスがよくおいしいおかずが何種類か届くので、『キッチンファミーユ』にすべてを任せているからだ。「配達されたときにはじめて内容がわかる。スタッフも毎日楽しみにしているんです」と、『調』の管理者兼生活相談員であり、経営母体の株式会社鈴々舎の代表である鈴木文昭さん。

お盆に載っている食器に統一感があると思ったら、「ここで使う食器はすべて、陶芸をする知人に焼いてもらった"調オリジナル"なんです」とのこと。食事内容や食器にかける気づかいから、利用者や家族に対する敬意が感じられる。**利用者に常に敬意を払うのが『調』の基本姿勢**なのだろう。

地元との関係を大事にする家庭的なDS

鈴木さんは、調布で生まれ調布で育った。調布には愛着がある。だから、**地元を大事にしたい**と考えている。そして、**この地でがんばっている人たちを応援したい**と思っている。アンテナショップや惣菜店を利用するのも、品質がいいからという以外に地元を応援したいという気持ちがあるからだという。それは調布に住む利用者たちに対しても同じだ。

昼食は、利用者もスタッフも同じテーブルについて食べる。一緒に楽しむ、が『調』のモットー。その一体感が利用者にくつろぎと安心感を与えている。

鈴木さんはいつも利用者に交じって同じテーブルで食事をする。そこには、仲のよい家族の食事風景のような、楽しげで穏やかな一体感がある。

鈴木さんはずっと介護の仕事に携わり、大きなDSで長いこと働いてきた介護のプロ。しかし、**大規模なDSで働いているうちにだんだん納得できないところや物足りなさを感じ始めた**という。

自分で何かできないだろうか——。一歩踏み出して立ち上げたのが、家庭的で小さなDS『調』だ。新しく始めるなら自分の地元でと決めていた。『調』の調は調布の調、そして"音楽の調べ"に由来する。

利用者の教養とプライドを尊重することで満足して過ごしてもらう

調布は木々と文化の香りがする町だ。新宿から京王線で20分そこそこの利便性と武蔵野の木々が醸し出す風情を好んで、かつては多くの文人が居を構えていた。その魅力は、都心に通勤するサラリーマン家庭にとっても同じこと。調布は、そんな住人たちを抱え、郊外のゆったり感とほどよい高級感をもったベッドタウンとして発展してきた。

そうした雰囲気が、『調』の利用者たちからも感じられる。聞けば、80歳代、90歳代で大学や女学校を出ている人も珍しくないという。

昼食後のくつろぎの時間はテーブルが片づけられたデイルームで思い思いの時間を過ごすことが多いが、そこでは絶えず笑い声が聞こえ、冗談が飛び交う。誰かが何かを言えば、誰かが当意即妙に応じる。ここは、**利用者がプライドを保ちながら楽しく過ごせる場所**なのだ。

ほとんどの利用者が認知症の症状をもっているが、多くは独居、もしくは日中独居。しかし、その背中からは東京という場所で胸を張って生きてきたプライドが感じられる。それを支えるのが『調』の役目だ。

食事の前にストレッチ。室内が普通の一戸建ての内装のままのせいか、体操をリードするスタッフと利用者の間に、どことなく親子のような親近感が漂っている。

『調』は、**DSをはじめて使ったという利用者が多い**のも特徴だ。ケアマネジャーもこの辺りのお年寄りの気風を理解し、最初は『調』のような小さくて静かなDSを紹介することが多いのだろう。「皆さん最初は緊張していますが、慣れていくうちに自然な表情

を見せてくれるようになります」と、鈴木さん。**小さなDSでは、スタッフが利用者一人ひとりと打ち解けて話をする機会が大規模なDSより確実に多い。**そして、利用者はその後も長く『調』を利用してくれることになる。

利用者一人ひとりの個性や特技を引き出していきいきと過ごしてもらう

　おしゃべりでくつろぐ利用者たちのなかから、ギターを1曲披露してくれるという人が現れた。慣れた手つきでギターを弾く。『調』の利用者には、楽器に親しんでいる人も多い。子どものころにピアノやバイオリンを習ったり、大学時代にサークルでギターやマンドリンを演奏したりと、子ども時代や青春時代をある程度ゆとりある環境で過ごせたからなのだろう。

　音楽の調べに由来する『調』は、**楽器演奏を利用者みんなで楽しむことを1つのポリシーにしている。**楽器が弾ける利用者がいたらできるだけ楽しんでもらいたいとの思いから、電子ピアノ、ギター、琴、尺八、沖縄の三線などの楽器を備えている。「**言葉は忘れても、音楽は忘れないんですね**」

『調』には音楽のしらべの意味も。若いころから楽器に親しんできた利用者が多いこともあり、いつでも気軽に演奏してもらえるよう、さまざまな楽器が備えられている。

　そう話す鈴木さんには、ある日の強烈な思い出がある。ベートーベンの第九のCDをかけたとき、重い認知症の利用者が、突然ドイツ語で喜びの歌を歌い出したのだ。しかも、それにドイツ語で唱和する人もいたという。

　「そうした"自分らしさ"をいかに引き出すか。そのきっかけをどう掴むか。それがスタッフの大事な役割だと思っています」と鈴木さんは言う。**利用者のなかに眠っている個性の輝きを引き出す**ことができれば、認知症の人ももっと話ができるようになるだろう。「認知症と重いうつ症状で外出を嫌がっ

ていた人が、『調』に通うようになってからここに来ることを心待ちにしてくれるようになったときは、本当にうれしかったですね」

画一的にならずに個性や特技をできるだけ引き出すよう、『調』では、**利用者2人に対してスタッフを1人配置する**よう心がけている。

多くのケアマネジャーと密に連絡をとり合う

『調』では、利用者が楽しく過ごしている様子を積極的に家族に伝えるようにしている。ささやかな営業だが、むしろ、**口コミこそが小さなデイサービスの本領**なのかもしれない。それもあって、『調』の連絡帳は懇切ていねい。**連絡欄の裏には必ずその日の昼食の写真を貼る**。これも、利用者とその家族を尊重する姿勢の表れなのだろう。

そして、居宅介護支援事業所のケアマネジャーとのつながりをとても大事にしている。当然のことかもしれないが、ケアマネジャーには年賀状や暑中見舞いを欠かさない。『調』の考え方を少しでも理解してもらいたいと、**現場を積極的に見学してもらうようにもしている**。

空き情報などに関して密に連絡をとり合うケアマネジャーの数は、15〜16人。広く薄く紹介してもらうだけでも、運営はかなり安定する。

地域密着型DSへの移行には特段の思いはなかったと話す鈴木さんだが、1つだけ喜んでいることがある。現在、調布市は地域密着型サービスの事業所を紹介するパンフレットを発行しているが、地域密着型DSに移行したことで、『調』もこのパンフレットに載ることになったのだ。「パンフレットに掲載されることで、利用者の獲得につながるんじゃないかと少し期待しています」と鈴木さんは遠慮がちに笑った。

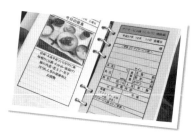

家族との連絡帳には、その日の昼食の写真と献立の説明が必ず記載される。これが貯まれば、家族が献立を考えるヒント集になるだろう。

Part 3

02 基本情報

独自の知恵と工夫で黒字経営を続ける地域密着型デイサービス

事業所の名称	デイサービス 調(しらべ)(2012年12月設立)
所在地	東京都調布市布田5-43-18
経営主体	株式会社鈴々舎(りんりんしゃ)(代表：鈴木 文昭)
経営主体の他の事業	なし
定休日	日曜日、年末年始(12/29〜1/3)
提供時間	7〜9時間
定員	10人
現在の平均要介護度	約2
要支援利用者の受入れ	ⓥ可　　不可
若年性認知症利用者の利用実績	有　ⓥ無
スタッフの構成	管理者1(生活相談員兼)、生活相談員2(正1；管理者兼、パート1)、看護師1(パート；機能訓練指導員兼)、介護スタッフ7(パート)、調理(ご飯とみそ汁づくりをスタッフが行い、惣菜は惣菜店のものを利用)、送迎車運転員2(パート)
入浴の有無	ⓥ有　　無
個別機能訓練の有無	有　ⓥ無
独自のサービス	──
独自のレクリエーション	楽器演奏(利用者も可)、楽器の生伴奏による合唱、クイズ形式の脳トレ、カレンダーづくりなど
送迎車の装備	スロープつき車両
取得している主な加算	介護職員処遇改善加算
建物の形態(所有・賃貸の別)	自宅兼用　ⓥ独立施設 (個人住宅を賃貸／家賃20数万円)
開業時の資金	自己資金(200万円)＋ 借入金(800万円／親族などから借入れ)
借入金の返済状況	完済　ⓥ返済中
黒字化した時期	開業時から3年目
立地条件	ⓥ市内中心部　　市内辺縁部
所在市町村内利用者の割合	約80％
地域区分と一単位単価	3級地：10.68円

Part 3

03 デイサービスセンター たま
(群馬県佐波郡玉村町)

- ☑ スタッフの満足を利用者の満足につなげて"稼働率ほぼ100％"を実現
- ☑ 介護のプロだという信念をもって最期の「看とり」までケア
- ☑ 新しい事業所を建てて定員を18人に増やし、2つの新事業を立上げ

デイサービスセンター　たま（以下『たま』）は、2016（平成28）年の春に、賃貸の旧事業所から自社所有の新事業所に移転。地域密着型への移行を機に定員を18人に増やし、医療措置ができる体制も強化した。経営母体である福祉サービス研究所合同会社では、既存の事業のほかに、介護職のための職業訓練や職業紹介などの事業もスタートさせた。

地域密着型介護の最前線に立つ"戦うデイサービス（DS）"

　群馬県佐波郡玉村町にある『たま』を訪問して最初に感じたのは、ふわりとしたやわらかさだ。だが、取材をするなかで、そのやわらかな印象の奥に芯の通った力強さがあることに気づいた。『たま』は、**地域密着型DSが、実は地域のコミュニティの崩壊を食い止める切り札**であることを身をもって示そうとしている——。ここは、家庭的で和やかな雰囲気をもちながら地域密着型サービスの最前線に立ち、**利用者一人ひとりの満足を追求し続ける"戦うDS"**なのである。

スタッフの満足を利用者の満足につなげて"稼働率ほぼ100％"を実現

　『たま』は、福祉サービス研究所合同会社が2011（平成23）年に定員10人の小規模型DSとして設立し、**地域密着型DSへの移行を機に定員を限度いっぱいの18人に増員**した。

　『たま』には大切にしている理念がある。「社員が満足する経営を第一に考

えています。**利用者の満足は、社員の満足があってこそ実現する**と思うからです」と、同社代表の冨岡浩美さん。この理念は古くから日本企業にあり、近年はES（従業員満足）という形で欧米企業でもとり入れられている。

社員が満足するには、給料も十分払う必要がある。それには経営がうまくいっていないといけない。『たま』には定休日がない。**とれる加算はすべてとり、加算基準を満たす体制を常に整えている。稼働率は100％に近い。**

冨岡さんいわく、「そのためにスタッフには"ちょっと"がんばってもらう。がんばりが本人の喜びや満足感につながり、よい循環が起こるのです」。冨岡さんは、設立して1～2年の間に、理念だけではダメなことを思い知ったそうだ。自分が理想とする介護を要求し続けたことで次々にスタッフが辞めてしまったからだ。「経営者は、自分がスタッフに求めることをどう伝えれば納得して実践してくれるのかを考えなければなりません。まず**現場でのスタッフの働き方をしっかりと観察して評価すべきところを評価する**。そのうえで、**改善すべきことを実現しやすい形で的確に指示する**必要があります。やり方を変えてから、スタッフがイキイキと働き出しました」と、冨岡さん。

よい循環はスタッフだけに限らない。利用者が求めていることを知るには、本人や家族の見えないニーズを掴み、それを満足させる必要がある。これはCS（顧客満足）という考え方だ。「**本人や家族、担当ケアマネに隠れたニーズを満たす提案ができるようなDSになりたい**」と冨岡さん。

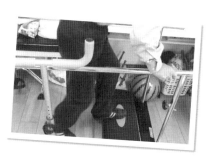

踏み台運動（上）とレッグエクステンション運動（右）。利用者は、自分が行う個別機能訓練に自ら積極的に取り組んでいる。

利用者を癒して回る2匹のセラピードッグ

ミニチュアプードルのモップ。相棒のパンチとともに、"癒し担当スタッフ"として利用者の心をガッチリ掴んでいる。

　平日の午前中に行われた『たま』への取材は、"パンチ"と"モップ"という愛きょうのある2匹のセラピードッグが軽やかな足どりで迎えてくれるところから始まった。午前中は個別機能訓練の時間で、デイルームでは利用者が自分の介護計画に従いさまざまな器具で筋力トレーニングを行なっている。踏み台運動やペダル漕ぎ、レッグエクステンションなど、皆さん、真剣そのもの。トレーニングのあとには、疲れた体をほぐすマッサージチェアの利用が待っている。

　個別機能訓練と併行して、利用者は一人ひとり順番に入浴する。介護スタッフは、慌ただしさを感じさせずにテキパキと個浴をアシストしていく。その一方で、"癒し担当"のパンチとモップが利用者やスタッフの間を歩き回り、利用者たちと和やかに触れ合っている。このコンビ犬は、デイルームに明るさを配って歩く"特任スタッフ"だ。

医療機関などの多職種と積極的に連携

　『たま』は利用者や家族をとり巻く地域の環境を把握し、地域連携を積極的に展開している。**居宅介護支援事業所のケアマネジャーと頻繁に連絡をとり合う。医療機関へも臆することなく連絡を入れる**。「飲みにくい形状の薬が出ていたら、病院やクリニックに直接連絡して飲みやすいものに変えてもらうようお願いすることも。通院スケジュールや服用薬の残量を把握し、通所日と通院日が重ならないようケアマネジャーと日程の調整もする。**利用者のために"ソフトなごり押し"をする**のです」と、冨岡さんは屈託なく笑う。

　年をとれば人は弱っていく。しかし、利用者にはギリギリまで元気でいてもらいたい。そのためには、気になることは即対応する。脱水やわずかな体

調の変化を見逃さず、家族に対処法を提案。「うちに長く通ってください」といくら言葉で言ってもダメ、と冨岡さん。**通い続けてもらうためには、どうしたらいいか？それを考えるのがプロ**なのだと。

なごやかにお昼ごはんを食べる利用者。仲間と一緒に食べるからか、体を動かしたあとだからか、自宅ではほとんど食べられない人が、ここでは完食することも珍しくない。

決然とした姿勢の冨岡さんだが、認知症の人に対する考え方には人間に対する優しさと理解がある。「認知症に対して大騒ぎしない。肝心なのは、その人につらい思いをさせないこと、自信を失わせないことです。**失敗を予測して、そうならないようサポートするのがプロ**。スタッフには洞察力を磨いてほしいですね」

介護のプロだという信念をもって最期の「看とり」までケアする

福祉サービス研究所合同会社代表の冨岡浩美さん。「労働こそが人を成長させる」。ケアマネジャーとして現場を熟知し、介護系専門学校講師の経験もある冨岡さんの言葉には説得力がある。

『たま』には"できない"と"受けられない"はない。一見、不可能に思えるやり方だが、それが『たま』の方針であり、結果、それらが経営を資することにつながっている。根底には、**家族ができないことをするのがプロだという信念**がある。「特別養護老人ホームも必要だと思いますが、家に居られなくなるのは介護の手とスキルが足りないから。介護の仕方で解決できることはたくさん

あるんです」と冨岡さん。だから、『たま』は"できる"を表明する。

冨岡さんは、**DSの使命は"在宅"を常に意識しながら利用者の暮らしを支えること**だと言う。「家族が一緒に暮らすのはもう無理と言ったら、"在宅"はそこで終わります。だから、家族を本気で支える気構えが必要なのです」

そのために、『たま』は地域密着型DSへの移行を機に**医療措置ができる体制を強化**し、気管切開の人も寝たきりの人も看る。認知症対応や、退院期の利用者のケアにも力を入れる。そして、**最期の「看とり」**まで行う。

▌新しい事業所を建てて定員を18人に増員し、 2つの新事業を立上げ

冨岡さんの決意には不思議な明るさがある。「まず、やる！と覚悟を決める。そして、それを実行するにはどうしたらよいかを考える」。**やれるかどうか検討ばかりしていては、何もできない**。冨岡さんの後ろには、運営の資金計画を練る事務方であり、生活相談員でもある夫の美行さんがいる。冨岡さんが夢を語り前へ前へと進む横で、ときにアクセルとなり、ときにはブレーキとなって『たま』を支えている。

2人は「地域密着型DSへの移行を乗り切るには、別の事業を新しく始めるか利用者を増やすしかない」と考え、事業所を新たに自社で建設して攻めの経営に出ることを決意。**定員を18人に増やすとともに、2つの新事業（許認可事業）**を立ち上げた。1つは介護職の職業訓練、もう1つは介護職の職業紹介だ。職業訓練では、理論に長けた人ではなく、介護職だった人が教える術を学んで講師になる。現場を知る人でなければ問題の解決策を示せないことが多いからだ。また、職業紹介の職員にも経験を積んだ介護職を起用する。介護職の適性を見抜くのも現場を知る人のほうが有利だからだ。

しかし、これらの事業に介護職を起用する理由はそれだけではない。「**介護の仕事には、肉体的につらくなって限界を感じる時期が必ず来る。そのときに受け皿となる仕事場を創りたい**」のだという。これはスタッフにキャリアパスを用意することを意味している。

03 基本情報

事業所の名称	デイサービスセンター たま(2011年6月設立)
所在地	群馬県佐波郡玉村町下新田469
経営主体	福祉サービス研究所合同会社(代表：冨岡 浩美)
経営主体の他の事業	居宅介護支援、介護研修教材販売、介護事業経営コンサルティング、介護研修、介護職業紹介
定休日	なし(年中無休)
提供時間	3～5時間、5～7時間、7～9時間、延長あり
定員	18人
現在の平均要介護度	2.5
要支援利用者の受入れ	可　不可
若年性認知症利用者の利用実績	有　無
スタッフの構成	管理者1(機能訓練指導員兼)、生活相談員4(介護職兼3、事務職兼1、パート1を含む)、看護師3(機能訓練指導員兼)、介護スタッフ8(生活相談員兼3、パート4を含む)、調理(配食サービス利用)、送迎車運転員(パート1、他はスタッフの交替制)
入浴の有無	有　無 (設置型昇降リフト、機械浴あり)
個別機能訓練の有無	有　無
独自のサービス	すべての医療行為、寝たきり利用者への対応、看とり、セラピードッグ、希望者への朝食・夕食(有料)の提供など
独自のレクリエーション	畑作業、調理作業、情動療法をとり入れた認知症の人向けのレクなど
送迎車の装備	スロープつき車両、ストレッチャー対応車
取得している主な加算	個別機能訓練加算、介護職員処遇改善加算、認知症加算、中重度者ケア体制加算、若年性認知症利用者受入加算
建物の形態(所有・賃貸の別)	自宅兼用　独立施設　(旧事業所は賃貸、新事業所は土地建物ともに自社所有)
開業時の資金	開業時：自己資金(1000万円)＋借入金(1000万円) 移転時：自己資金(2000万円)＋借入金(5500万円)
借入金の返済状況	完済　返済中　(開業時の借入金は完済、新事業所移転時の借入金は返済中)
黒字化した時期	開業時から2年目
立地条件	市内中心部　市内辺縁部
所在市町村内利用者の割合	約90%
地域区分と一単位単価	7級地：10.14円

Part 3
04 宅老所 赤とんぼ
(長野県須坂市)

- ☑ 介護＋看護で利用者を強力にサポート
- ☑ 利用者が前によくしていたことをDSでして楽しんでもらう
- ☑ 地元の小さな介護事業所どうしが連携して共存を図る

宅老所 赤とんぼ(以下『赤とんぼ』)は、まだ周辺がブドウ畑だった2003(平成15)年に『NPO法人 宅老所 赤とんぼ』が民家を借りて設立。『赤とんぼ』の名は、NPO法人理事長の森 政雄さんが、子どものころによく見た夕焼け空の赤とんぼから命名した。利用者の年齢は69歳から102歳と幅広く、利用期間が長い人が多い。

介護＋看護で利用者をサポートする心強い宅老所

『赤とんぼ』は、長野県須坂市の中心部から少し離れた住宅地にある。須坂市の特産品はブドウ、リンゴ、ナシなどの果物。「この辺りは長野市に通勤するサラリーマンのベッドタウンになってきました。うちの利用者も、以前は農家の方が多かったのが、だんだんサラリーマン家庭の方が増えていますね」と『赤とんぼ』を運営するNPO法人理事長の森さん。

土地柄のせいか、「親あっての自分」という考え方が根強く、**できるだけ長く親を自宅で看たい人が多い**ようだ。『赤とんぼ』は、そうした**家族の想いに徹底して寄り添い、家庭的なデイサービス（DS）の強みを生かして地域に根づいた介護を実践**している。

『赤とんぼ』を運営しているNPO法人の理事長で、須坂市で生まれ育った森 政雄さん。「うちのスタッフは本当にいい人ばかりです」

DSの名前は、いろいろな案が出た末、最終的に森さんが推した『赤とんぼ』に決まったとのこと。この地で生まれ育った森さんが子どものころの風景でよく思い出すのは、「外遊びから帰ってくる自分を家で待つ母親と、赤い夕焼けの空を舞うたくさんの赤とんぼ──」。DSの利用者と母親とを重ね合わせ、人生の夕焼け期を生きる利用者を思う気持ちを『赤とんぼ』という名前に込めたのだという。

そもそも、宅老所を開きたいと思っていたのは、看護師として働く奥さんのほうだった。その話を長年聞いていた森さんが、一般企業の営業職を早めに退職して『NPO法人 宅老所 赤とんぼ』を立ち上げたのだ。

そうした背景もあって、看護師の配置が必須でないなか『赤とんぼ』では**非常勤の看護師（機能訓練指導員を兼務）を3人雇い、胃ろうや腸ろう、尿管カテーテルにも対応**している。また、小さなDSには珍しく、地元の看護学校から実習生を受け入れている。

ちなみに、宅老所とは民家などで少人数の高齢者を預かる家庭的な雰囲気の施設を総称するゆるやかな名称で、長野県ではよく使われている。小さなDSだけでなく、一定期間入所できる施設を指すこともある。

利用者が家や地域で前によくしていたことをDSでして楽しんでもらう

お昼どきに取材に訪れたため、和室のデイルームでは、食前の軽い体操を終えた利用者がスタッフとともに昼食をとっていた。みんなで食卓を囲む鍋料理。土鍋からよい香りと湯気が立ち昇っている。忘年会、新年会、誕生日会など、そんな日には鍋料理を囲むことが多い。**まるでわが家か親しい友だちの家にいるような居心地のよさ**がこのDSの持ち味

今日のお昼は鍋料理。利用者とスタッフが和気あいあいと土鍋を囲む様子は、まるで仲のよい大家族のよう。

だ。思わず、DS にいることを忘れてしまいそうになる。大きな炬燵(こたつ)の周りに集まっておしゃべりをする"老老男女"は、長寿家系の兄弟姉妹かいとこのようだ。

　ここでは、わが家にいるように過ごすだけでなく、**利用者が自分の家や地域で前によくしていたことをまたすることができる**。うどんを打つ。芋煮鍋を囲む。海苔巻きをつくる。干し柿の季節には柿の皮むきにも精を出す。大家族のように、みんなで長野市の善光寺にも行けば、隣の市にあるバラ園にも、少し遠出して名勝の紅葉狩りにも行く。**DS が地域の日常生活から隔離され保護される場所にならないようにする**こと。**利用者が普通の生活者としてのプライドをもち続けられるよう手助けする**こと。この 2 つができるのが、『赤とんぼ』のように小規模で家庭的な DS のよさであり、強味なのだろう。

発想力豊かな若き介護のプロに引き継がれた『赤とんぼ』の運営

　『赤とんぼ』の所長（管理者）は設立当初から森さんの奥さんが務めてきたが、数年前、腰を悪くしたのを機に引退。今は週に 1 ～ 2 度午前中だけ手伝いに来ている。そしで、そのあとを引き継いで管理者になったのが、大学の福祉系学部を卒業して『赤とんぼ』に正職員として採用された町田将幸さん、31 歳だ。町田さんは、従来のやり方に囚われず、利用者の反応を見ながら、ケアの仕方、食事、レクリエーションなどを少しずつ改良している。

管理者兼生活相談員の町田将幸さん。大学の福祉系学部を卒業して『赤とんぼ』に入り、学んできたことを実践に移すべく奮闘中。

　森さんには、そんなスタッフに賞与などを十分に払えないことを申し訳なく思う気持ちがある。小規模型 DS の介護報酬が大幅に引き下げられた 2015（平成 27）年には、一

時的に利用者が減ったこともあって10数万円の赤字が出る月が数ヵ月続き、どうなることかと心配した。だが、今は利用者の数も回復し、再び黒字に転換。**同年の年度末には、介護報酬引下げ前の半分程度だが、百数十万円の利益が出た**。「そこそこやっていければいい」という森さんの言葉には、悲観的な響きはない。そこには、**多くを求めなければ何とかなるという前向きな姿勢**が感じられる。

　一方、森さんから全幅の信頼を寄せられている町田さんは、管理者であり生活相談員であり、介護関係の資格をいろいろもった介護のプロである。そんな彼があえて小さいDSを選んだのには、それなりの理由があったようだ。「自分の考えるDSを自分なりに工夫しながら実現していきたいんです」。町田さんは今、**2018（平成30）年にスタートさせる新しい事業の計画を練っている**。そんな町田さんを「どんな結果になっても責任は自分がとるから、やりたいことをここで思い切りやってみろ！」と森さんが励ます。

競合より共存を目指す『小規模ケア事業所連合会』の取組み

　小さなDSの経営者から、「ほかのDSはどんなふうに運営しているのでしょう？」という質問を受けることがある。小さな事業所は個人で運営しているところが多く、なかなか情報が入ってこないからだ。

　そんなこともあってか、『赤とんぼ』のある須高地区（須坂市、小布施町、高山村）では、2010（平成22）年に宅老所と呼ばれる**小規模なDSや小規模多機能型施設が8つ集まって『小規模ケア事業所連合会（通称『ケア連』）』を立ち上げた**。

　小さな事業所では、研修にスタッ

古い民家を借りるに当たって、トイレを増設・改装し、浴室や洗面所も全面リフォームした。

フを派遣したり自ら研修を実施したりする余裕があまりないため、スタッフがキャリアアップしようと思ってもなかなかチャンスがない。そこで、『ケア連』を通じて情報交換や協力をしようということになったのだ。ここでは、**年に数回、合同研修会を開き、情報交換は常時行なっている。小さな事業所と働きたい人の橋渡しをする人材バンクも運営している**。利用者からの申込みに空きがないときは、ケア連に加盟する他のDSを紹介したりもする。

これはある意味、画期的なことだ。規模が大きく情報の収集や共有を組織的に行なっているようなDSに対抗するには、規模の小さいところどうしが戦わず、知恵を出し合って助け合うほうがいい。**共存を目的とするゆるやかな連携は、小規模なDSならではの生きる知恵**だ。

進取の気性に富んだ土地柄が介護の未来を支える

長野県は元来新しいことに積極的に取り組む土地柄だ。だから、今回の移行への対応も須坂市などの自治体の動きは素早かった。**越境利用に関して須高地区で協定を結び**、事業者があらかじめ地区自治体に申請書類を提出しておくことで、**個々の案件での首長の許可や事業所の申請を不要とする措置がとられている。**

軒先にすだれのように並んだ干し柿。毎年、干し柿づくりの時期には、腕に覚えのある利用者がせっせと柿の皮をむく。

小規模なDSに対する厚生労働省の意向を深読みしてなかなか独自の方針を打ち出せない自治体も多いなかで、長野県の多くの自治体には宅老所のような地域に根差した介護の担い手を大事にしようという意思が感じられる。進取の気性に富んだ土地柄が、不安な船出を余儀なくされた地域密着型DSの未来をこれからも支えてくれることだろう。

04 基本情報

事業所の名称	宅老所 赤とんぼ(2003年10月設立)
所在地	長野県須坂市大字小河原1896-8
経営主体	NPO法人 宅老所 赤とんぼ(理事長：森 政雄)
経営主体の他の事業	なし
定休日	日曜日(緊急時お泊りの対応あり)、年末年始(12／30〜1／3)
提供時間	3〜5時間、5〜7時間、7〜9時間
定員	10人
現在の平均要介護度	1.9
要支援利用者の受入れ	[可] 不可
若年性認知症利用者の利用実績	有 [無]
スタッフの構成	管理者1、生活相談員3(正；内管理者兼1)、看護師3(パート；機能訓練指導員兼)、介護スタッフ8(正3；管理者・生活相談員兼1を含む、パート5)、調理4(パート)、送迎車運転員(スタッフの交替制)
入浴の有無	[有] 無
個別機能訓練の有無	有 [無]
独自のサービス	緊急時のお泊り、医療行為(胃ろう、腸ろう、尿管カテーテル、血糖値測定など)など
独自のレクリエーション	芋煮会、ぶどう狩り、干し柿づくり、善光寺参詣など
送迎車の装備	スロープつき車両
取得している主な加算	介護職員処遇改善加算、サービス提供体制強化加算
建物の形態(所有・賃貸の別)	自宅兼用 [独立施設] (個人住宅を賃貸／家賃10万円弱)
開業時の資金	自己資金(450万円)＋借入金(300万円)
借入金の返済状況	[完済] 返済中
黒字化した時期	開業時から5年目
立地条件	市内中心部 [市内辺縁部]
所在市町村内利用者の割合	約100%
地域区分と一単位単価	その他：10円

Part 3

05 デイサービス 悠々
（埼玉県坂戸市）

- ☑ 利用者の使いやすさを重視して施設を改良
- ☑ 看護師が交替ですべての利用日をカバー
- ☑ 送迎も調理も専従スタッフが担当

デイサービス 悠々（以下『悠々』）は、株式会社ケアソリューションズが2007（平成19）年4月に設立した7～9時間中心のデイサービス（DS）。定員は開業当初の10人から徐々に増やして、現在は14人。管理者の山崎幸治さん（父）と生活相談員の山崎美奈子さん（娘）が、二人三脚で息の合った経営をしている。

利用者の使いやすさを最優先に考えて施設を改良

埼玉県坂戸市の『悠々』を訪ねたのは、事業所の一角でトイレの増設工事が行なわれている日だった。『悠々』の定員は開業当初の10人から徐々に増えて今は14人になっているが、トイレが足りないというわけではない。

『悠々』の経営母体である株式会社ケアソリューションズ代表取締役の山崎幸治さんと、娘の美奈子さん。2人は生活相談員として現場を指揮する"相棒"でもある。

「トイレは2ヵ所ありますが、職員も使いますしね。たまに利用者さんをお待たせすることがあるんです。利用者さんの利便性を考えたら、増やしたほうがいい」と、管理者であり経営母体の代表取締役でもある山崎幸治さんは言う。

トイレを増設する際は、山崎さんが自ら図面を引いたそうだ。そして、その図面上で車椅子の模型を走らせ、車椅子が壁にぶつからないか、回転

させるゆとりが十分にあるかを何回もシミュレーションして、車椅子でも入りやすく使いやすいユニバーサルトイレをつくった。「模型も自分でつくったんですよ。子どもみたいに熱中して──」と、山崎さんの娘さんで『悠々』の生活相談員をしている山崎美奈子さんがそう言って笑う。幸治さんは福祉住環境コーディネーターの資格ももっている。

自由時間にはブローチづくりなどの手芸をする利用者も多い。手先を動かしながら、おしゃべりもする。からだが覚えている手作業を楽しんでいるのだ。作品は、年に1回の作品展で披露される。

『悠々』の建物内部のレイアウトは、利用者とスタッフが動きやすいよう導線を考えた工夫がなされており、エントランス部分も利用者が出入りしやすいようなつくりになっている。

　少々お金がかかっても、利用者のためによいと思ったことは実践する。一見採算が悪いようだが、**長い目で見ればケアマネジャーからの信頼を勝ちとることにつながる**。この信条は、これまでの仕事への姿勢が育んだのかもしれない。幸治さんは建設会社の設計部門などで定年まで働いていた。そのときの経験が『悠々』を支えているようだ。

あわてることなく着実に前に進むことで黒字化を実現

　幸治さんが建設会社を定年退職したころに、お母さんが介護を必要とする状態になった。それもあって、DSを開こうと考えたとのこと。思い立ったらすぐ準備を始めるのが幸治さん。**介護の世界を知るべく、あるDS事業所で若い介護スタッフに交じって半年間働いた**。そこで、介護の基本スキルを学びながら、利用者のおかれている状況や介護スタッフの働き方・連携の仕方などを観察し、DSはどこをどう改善すべきなのか自分なりに考えた。

　当初、家族は全員、介護の世界に何のゆかりもなかった幸治さんの"思い

つき"に真っ向から反対した。しかし、わが道を進む幸治さんは株式会社ケアソリューションズを立ち上げ、**公的機関から15年返済の借金をして、自宅の土地の一角に『悠々』を建てた。**

　技術屋の性で営業が苦手だったこともあり、スタートしたときの利用者は1〜2人。その後も利用者が5人に満たない月が続くなか、幸治さんはあわてることなく着実に前に進み続けた。月日を重ねるうちに、居宅介護支援事業所のケアマネジャーに徐々に存在が知られるようになり、利用者が少しずつ増え始めた。**見えないところで手を抜かない誠実さが利用者増の形で現れた**のだ。営業トークが苦手な分、ケアマネジャーに事業所見学をしてもらうことで事業所のよさをアピールすることに努めた。

　そして、**5年目についに利用者数が損益分岐点を超えて黒字に転換**。正社員も増やせるようになった。「**正社員になってもらったほうが、落ちついて仕事をしてもらえる**から」、と幸治さん。よい人材に定着してもらうには、人件費が多少増えても正社員になってもらうのが早道だ。**仕事ができて人柄もよいスタッフがいれば、結果的に利用者増につながる**ことは経験的にわかっていた。

　2014（平成26）年の4月に介護報酬が切り下げられたあとも、月によってばらつきはあるが、**黒字状態経営を維持し、借入金も順調に返済している**。3〜4年前にお泊りデイを考えたこともあるが、スタッフの負担を考えて断念したという。

　「利用者さんがどうして増えたのか、自分でもよくわからないのですが——」と、あくまでも控えめな幸治さん。利用者のためになることに費用をかけることも、それを行

明るいデイルームで思い思いの楽しみに興じる利用者。このあと、歌詞カードを見ながら全員で歌を歌った。「更けゆく秋の夜——」と、「旅愁」の歌声が部屋中に響く。歌詞を多少忘れても、メロディーはしっかり覚えている。

なっている本人には弱みにしか映らないようだ。しかし、利用者が増えていったことで、そうした投資が決してムダではなく、DSの強みを生み出す源になっていることがわかる。

利用者数が安定してきたころ、美奈子さんも自分の仕事を辞めて『悠々』で働くようになり、今に至っている。

看護師3人ですべての利用日をカバー

現在、『悠々』は、パートタイムの**看護師3人が交代ですべての利用日をカバーしている**。看護師を常駐させる体制は、定員が10人だった2007（平成19）年の開業当初から変わっていない。つまり、**看護師の配置が必須でない時期からこの体制をとっている**ということだ。当然、人件費がかさむ。「看護師がいるほうが、利用者さんの体調の変化にすぐ気づいてあげられる。そうすれば、介護スタッフも安心して仕事ができるじゃないですか」というのがその理由だ。

その考え方は送迎にも現れている。多くのDSでは、介護スタッフが交代制で送迎車を運転することが多いが、『悠々』では、3人いる専従ドライバーが運転を担当している。**「事故がないよう、運転はそれだけに専念する人に任せたほうがいい」**。"安全第一"という建設現場の標語が思い浮かぶ。利用者が安全に乗り降りできるよう、大型のリフトカーも保有。浴室には機械浴ができる設備もある。

こうした投資は、採算を最優先させる経営者にはなかなかできない。"少々お金がかかっても安全・安心

昼食は調理スタッフが毎日調理場でつくっている。専従なので、利用者のケアを気にせず調理に専念できる。

を"という、この一見素人経営とも感じられる方針の裏には、利用者を第一に考える実直さが見てとれる。経費が多ければその分利益が少なくなる。しかし、**安全・安心にかけた費用は、時間はかかっても最後は"信用"となって利用者増の形で返ってくる。**

遠回りしたから黒字化するのに時間がかかったが、それでいいと『悠々』は考える。「辛抱強いことだけは確かですね」と、確認するように山崎さん親子は顔を見合わせた。**目先の収支に一喜一憂しない辛抱強さが『悠々』を支えてきた**のは確かなようだ。

専従スタッフが腕を振るう昼食と"ゆとり"を感じさせる庭

取材に行ったのはちょうど昼どきで、キッチンからはおいしそうな香りが漂っていた。**昼食の調理は、3人いる調理専従スタッフが交替で行なっている**。出来たての料理がテーブルに並び、利用者たちの顔がほころんでいく。食事の時間が終わると、ブローチづくりなどの手芸をしたり、みんなで一緒に歌を歌ったり──。

デイルームはとても明るい。南側のガラス戸の向こうには、広々とした庭があり、芝生が敷き詰められている。『悠々』は、駐車スペースにすることもできるこの庭を、別に駐車場を借りることでゆとりスペースとして残している。庭の一角には夏ミカンの木が植えられ、畑や花壇もある。

幸治さんが思う"家庭的"なイメージには芝生の庭が不可欠だったのだろう。この"無用の用"のゆとりが、利用者の心をさりげなく癒している。

デイルームから見える芝生の庭が、精神的な解放感を生み出している。駐車スペースを別に借り、ゆとりスペースとして残しているのが『悠々』らしい。

Part 3

独自の知恵と工夫で黒字経営を続ける地域密着型デイサービス

05 基本情報

事業所の名称	デイサービス 悠々（2007年4月設立）
所在地	埼玉県坂戸市石井2333-11
経営主体	株式会社ケアソリューションズ （代表：山崎 幸治）
経営主体の他の事業	なし
定休日	日曜日、年末年始（12／30〜1／3）
提供時間	7〜9時間
定員	14人
現在の平均要介護度	2.3
要支援利用者の受入れ	可　[不可]
若年性認知症利用者の利用実績	有　[無]
スタッフの構成	管理者1、生活相談員3（正；管理者兼1・介護職兼1を含む）、看護師3（パート；機能訓練指導員兼）、介護スタッフ6（正3；生活相談員兼1を含む、パート3）、調理3（パート）、送迎車運転員3（パート）
入浴の有無	[有]　無　（機械浴あり）
個別機能訓練の有無	有　[無]
独自のサービス	医療行為など
独自のレクリエーション	手芸、畑作業、園芸作業、お花見など
送迎車の装備	リフトつき大型ワゴン、スロープつき大型ワゴン
取得している主な加算	介護職員処遇改善加算
建物の形態（所有・賃貸の別）	自宅兼用　[独立施設] （自分の土地に自社所有の事業所を建設）
開業時の資金	自己資金（1000万円）＋借入金（3000万円）
借入金の返済状況	完済　[返済中]
黒字化した時期	開業時から5年目
立地条件	[市内中心部]　市内辺縁部
所在市町村内利用者の割合	約80％
地域区分と一単位単価	6級地：10.27円

Part 3

06 いろは
（群馬県利根郡片品村）

- ☑ 木の香と広い空間が心を和ませるロッジ風の建物
- ☑ プロ顔負けの料理担当がつくるおいしい昼食
- ☑ 偶然が重なった赤字はあわてずいつもどおりにすることで解消

『いろは』は、2004(平成16)年9月に開業した、群馬県利根郡片品村の中心部に近いロッジ風の事業所。建物の外にはデイサービス(DS)の看板はなく、『いろは』というネームプレートさえない。一見、誰かの別荘のようだが、屋内には小規模なDSとは思えない立派な浴室やトイレがある。

交通は不便だが尾瀬とスキーで栄えてきた山間の村

『いろは』は、関東地方随一の豪雪地帯として知られる群馬県の片品村にある。この村に鉄道の駅はなく、最寄り駅は隣の沼田市の上越線沼田駅だ。そして、沼田市から日光へ抜ける国道120号線が、片品村を背骨のように貫いている。小さな村なので、**居宅介護支援事業所は3ヵ所、DSは『いろは』のほかに通常型が1つあるだけ**だ。ただ、交通の不便な山間地にあるにもかかわらず、この村には寂れた感じも閉鎖的な感じもない。村の半分が尾瀬国立公園のなかにあり、温泉やスキー場もたくさんあるため、夏は尾瀬散策に、冬はスキーにと、多くの人がやって来るからだろう。片品

2階の事務室から見た吹き抜けのデイルーム。広々としたゆとりある空間は気分をゆったりとさせる。

村は、過酷な自然環境を"恵まれた自然"として守り続けることで、都会から多くの人を呼び込んできた。村人は、農業と観光を主な業としながら、観光という風穴を通して都会の風に触れ、物おじせずに元気に生きてきた。『いろは』は、そんな村の中心部にある。

木の香と広い空間が心を和ませるロッジ風の建物

取材で訪れたのは、入浴や昼食が済み、リハビリ体操をしているときだった。この時間には、体操のほかに、エレクトーンに合わせて歌を歌ったり、本の朗読を聞いたり、運動系の遊びをしたりして過ごす。『いろは』を開業当初から12年間まとめてきたのは、管理者で生活相談員でも

おやつの時間に一息入れるスタッフ。お茶受けにはおいしそうなかぼちゃの煮物も並ぶ。

ある星野千恵美さんだ。スタッフは皆仲がよく、イキイキと働いている。経営者の星野明彦さんは、「介護業界ははじめてでしたが、星野千恵美さんやほかのスタッフに支えられてここまでやってきました」と言う。

レクリエーションのあとは、おやつの時間。利用者に注意を払いつつ、スタッフも利用者の隣のテーブルでおやつを食べながらくつろぐ。生活相談員でもある星野明彦さんに、『いろは』を始めるきっかけを聞いてみた。

「工業大学を卒業したあと2年ほど建設会社に勤め、その後、父が経営していた土木建設会社を継ぎました。ところが、2003(平成15)年に役所に勤めていた友人からDSをやらないかと誘われて——」。たまたまその前年にホームヘルパーの資格をとった奥さんの後押しもあり、**友人の土地を借りてビジネスとして『いろは』を始めることに**なった。2年ほどは家業との二足のわらじを履いていたが、その後はDSに専念することに。当時は、小

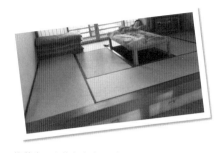

静養室にも使う和室。デイルームの床からの高さは、お年寄りが立ち座りしやすい30 cmとなっている。

規模DSの運営が登り調子の時代だった。

　開業に当たり、星野さんは介護にはどんな建物が適しているのかを自分なりに研究し、グループホームなどをたくさん見学。**介護施設の雰囲気を感じさせないしゃれた外観と機能的でゆとりのある屋内レイアウトを兼ね備えたDS**をつくりたかったという。そして、デザインセンスのいい奥さんの意見をとり入れて、ロッジ風の木づくりの建物が出来あがった。吹き抜けの広々としたデイルーム、大きめの掘りごたつが設けられた広い和室、大規模なDSにも負けない大きな浴室やトイレ、デイルームが見渡せる機能的な2階の事務室。**広々とした空間が利用者とスタッフの心にゆとりと安らぎをもたらす。**この建物には、すべてヒバ材が使用されていて、香りによる癒しの効果もあるようだ。

　浴室に案内されると、そこには**専用車椅子で機械浴ができる高機能の入浴装置**が置かれていた。「いいDSにするために、設備にはある程度お金をかけました」と星野さん。初期投資に少々お金をかけすぎたと思わないではないが、そこには、規模が小さいから設備も貧弱だろうとは思われたくないというプライドがあった。その結果、ケアマネジャーや役所の担当者たちから、"建物も設備も立派で快適に過ごせるDS"との評価を得る。

▍プロ顔負けの料理担当がつくる食事が利用者を引きつけて離さない

　『いろは』は、お昼ごはんを抜きにしては語れない。規模の小さいDSは昼食がおいしいところが多いが、**『いろは』の昼食は最高レベルだ。**調理を担当するのは、介護スタッフでもある千明和子さん。持ち前の料理センスと「料理は化学」というモットーで、利用者たちが手放しでほめる料理を次々

と生み出していく。

　この日の昼食の目玉は、舞茸がたくさん入ったピラフ風舞茸ごはん。塩コショウ味の洋風混ぜごはんだが、醤油味に慣れている利用者たちにも大好評。メニューはその日に変更することもある。「今日は舞茸が安いからそれで何かつくろうとか、あの人が来るから好物のサツマイモを使おうとか、この人は歯の調子が悪そうだから今日は茶碗蒸しにしようとか──」と、千明さんは**その日の利用者の状況を観察しながら臨機応変に対応**する。小さなDSでなければできないことだ。**食事がおいしいことと臨機応変な対応は、『いろは』の最大の強み**と言っていいだろう。

今日の目玉料理はピラフ風舞茸ごはん。千明さんは村営のカフェにケーキを出してもいる。

お年寄りが元気な村の"憩いと安らぎの場"

　片品村で気づいたことがある。**外を歩いているお年寄りが多い**のだ。山間地なので農業や林業に従事していたお年寄りが多いが、年をとっても自分で畑仕事や買い物などをしながら日々を送っているからなのだろう。

　星野さんに聞くと、とにかく**この村のお年寄りは元気**だという。「お年寄りと一口に言っても、世代によってだいぶ違いがあります。『いろは』を始めた2003（平成15）年ころの80歳は、まだ家族がDSに来させたいと思うような普通のお年寄りでした。でも、今の80歳は70歳くらいにしか見えない。グランドゴルフなどで体を動かしているためか、体力もあります」。それもあって、こうしたDSにあまり来たがらないのだという。「お年寄りが元気なのはいいことなんですが、DSの経営という視点から見ると──」と星野さんは苦笑する。

　でも、いざ来てみれば、話し相手がいるし、おいしいお昼ご飯もある。結果的に利用者は、この"**憩い・安らぎの場**"に魅力を感じて長く通い続けて

大規模型DS並の大きな浴室。『いろは』は浴室もトイレも調理場も、規模の小さいDSとは思えないほど立派だ。

くれる。『いろは』は利用者の"元気"を守るために村の診療所と連携し、診療所に併設されている居宅介護支援事業所と常に連絡をとり合っている。

　みんながどこかでつながっているのもこの村の特徴だ。『いろは』の利用者どうしも、直接の顔見知りはもちろんのこと、縁をたどれば遠い親戚だったりする。やりにくい面がないこともないが、**家庭の事情がわかっている分、一人ひとりの利用者をきめ細かくケアすることができる。**

あわてずいつもどおりにすることで一時的な赤字を解消

　DSに来たがらない人が多い村のわりには、『いろは』は順調に利用者を集めてきた。**2年目から右肩上がりで利用者が増え、5年目からは稼働率も8割を超え、多少の浮き沈みはあるが黒字経営を維持**している。特に宣伝もしないのに黒字ラインまで来たのは、利用者にとって『いろは』が健康と栄養に気を配ってくれる有意義で楽しい場所だとわかってもらえたからだろう。

　ただ、そんな『いろは』も、2015（平成27）年の後半に**利用者の施設入所や死亡が続き利用者数が半減**してしまった。この低迷がしばらく続いたが、「偶然が重なった赤字だから、いつもどおりにしていればいずれ回復する」と星野さんはあわてずに対応。思ったとおり、**半年ほどで状況が改善し以前の稼働率**に戻った。

　片品村は競合するDSが少ない。星野さんはここ数年、地元の役員や区長を務めていて非常に忙しかったが、**お年寄りの集まりにも頻繁に顔を出し、さらに顔が知られるようになった。**そうしたなかで、星野さんは『いろは』がこの小さな村の高齢者を支える大事な存在になるのではと思い始めている。

Part 3

独自の知恵と工夫で黒字経営を続ける地域密着型デイサービス

06 基本情報

事業所の名称	いろは（2004年8月設立）
所在地	群馬県利根郡片品村鎌田4180-2
経営主体	株式会社エーアイ（代表：星野 明彦）
経営主体の他の事業	なし
定休日	日曜日、木曜日
提供時間	3～5時間、5～7時間、7～9時間（大半は7～9時間）
定員	15人
現在の平均要介護度	約1.5
要支援利用者の受入れ	ⓥ可　　不可
若年性認知症利用者の利用実績	有　　ⓥ無
スタッフの構成	管理者1（生活相談員兼）、生活相談員3（管理者兼1、パート2を含む）、看護師2（パート；機能訓練指導員兼）、介護スタッフ4（パート）、調理2（パート；生活相談員兼1を含む）、送迎車運転員（スタッフの交替制）
入浴の有無	ⓥ有　　無　（高機能機械浴あり）
個別機能訓練の有無	有　　ⓥ無
独自のサービス	──
独自のレクリエーション	エレクトーン演奏による合唱、読み聞かせなど
送迎車の装備	特になし
取得している主な加算	介護職員処遇改善加算
建物の形態（所有・賃貸の別）	自宅兼用　ⓥ独立施設 （土地は賃貸、建物は自社所有）
開業時の資金	自己資金＋借入金
借入金の返済状況	完済　ⓥ返済中　（ほぼ完済）
黒字化した時期	開業時から5年目
立地条件	ⓥ市内中心部　　市内辺縁部
所在市町村内利用者の割合	約100％
地域区分と一単位単価	その他：10円

085

Part 3
07 ましまの家
（長野県長野市）

- ☑ 陽当たり満点で居心地のよい和風の建物
- ☑ 3食の提供や緊急時のお泊りサービスで生活全体をサポート
- ☑ 野菜づくりや庭木の手入れをしてやりがいを感じてもらう

『ましまの家』は、福祉施設を数多く経営している社会福祉法人 長野南福祉会が空き家となっていた民家を買い上げて改修し、2006（平成18）年に開業した。南に向かって横に長い平屋の建物は、すべての部屋に明るい陽が射し込む。和室を基調とした室内は、利用者がわが家のようにくつろげる家庭的な空間になっている。

控えめだが頼りがいのある管理者

玄関を開けると、穏やかな雰囲気の女性管理者が出迎えてくれた。手が空くのを待つうちに、スタッフや利用者と交わす的確な会話が聞こえてくる。長野県長野市にある『ましまの家』を運営管理する唐澤光子さんは、**控えめだが誠実で"頼りがい"がある感じの人**だ。南信と呼ばれる長野県南部の生まれ育ちとのこと。ふんわりとしたやわらかな話し方が周りの人たちを和ませる。

唐澤さんは、**若いころ、同居の祖母を母親と一緒に長年介護していた**という。結婚して子どもを育て、そして介護の仕事をするようになった。「介護が好きなんです」。介護の現場でもあまり聞かれることのない言葉が、新鮮に感じられる。

管理者兼生活相談員の唐澤光子さん。長野県南信地域の生まれ育ちで、その地方の女性特有のふんわりしたやさしい話し方が魅力的。

陽当たり満点で居心地のよい和風の建物

　南に向かって横に広い平屋の事業所は、とにかく陽当たりがいい。**冬が寒いこの地域では、陽当たりがもたらす温もりと明るさは貴重な財産**だ。ここは、高齢になった住人が子どもの家に移ったあとの築40年の民家を、経営母体の社会福祉法人 長野南福祉会が買いとって改修したもの。空き家問題が言われて久しいが、**『ましまの家』はそうした空き家を有効利用したよい例**だろう。

2部屋分のスペースにベッド数台が置かれた静養室はとにかくゆったり。布団を敷けば7人まで対応できる。お泊りスペースとしても良好な環境だ。

　建物は母体の法人が用意したものだが、経営面では独立採算。**努力と工夫を重ねて4年で黒字に漕ぎつけ**、その後は若干の浮き沈みはありながらも、**黒字ベースでほぼ順調に経営**を続けている。「努力や工夫と言っても、驚くようなことは特にしていないんですけど――」と唐澤さん。

ゆったりとした静養室があり、お泊りも可能

　『ましまの家』の屋内は外から見るよりはるかに広い。デイルームも静養室も和室なので、心が落ちつく。

　二間続きの静養室にはベッド数台がゆったりと置かれ、空いている部分に布団を敷けば優に7人は横になれそうだ。ここは緊急時のお泊りサービスのための宿泊室でもあり、家族に急な用事ができたときや、独居の利用者が体調を崩して1人で生活するのがつらいときなどに利用される。困った事態は急に起こる。前もって予約しておくショートステイと違い、**何かあったときに泊まれるという安心感は大きく、そのために『ましまの家』を利用している人も多い**。費用は食費込みで1泊5,000円。お泊り要員の人件費な

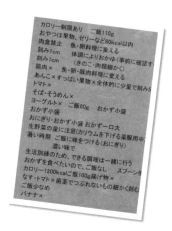

調理担当の小林里子さん(栄養士)が、調理場に貼っている個別注意事項。利用者名(割愛)の右側に、食べられない食材、刻む食材と大きさ、慢性疾患、服用薬の内容などが細かく書かれている。

どで利益はプラスマイナスゼロになるが、このサービスがDSの長期利用を促す付加価値になっていることは確かだ。

訪問したのは昼食前の体操の時間だが、利用者は、デイルームに置かれたソファーや椅子に思い思いに腰かけて口腔体操をしていた。昼食が始まっても、自分が一番楽に座れる場所に一人用のテーブルを置いてもらって食べる人が何人かいる。昼食は、交替勤務の2人の栄養士が500 kcalの目安でつくっている。**調理場の壁に貼られた注意事項の表には、注意すべき利用者について、食べられない食材や苦手な食材、刻む食材やその大きさ、慢性疾患の状態や配慮すべき薬などが細かく書かれている。**

ふと見ると、スタッフが昆布の佃煮をもってきて箸が止まっていた利用者に勧めている。佃煮で少し食欲が戻ったのか、利用者はまたご飯を口に運び始めた。よくある家庭の光景が、このDSでは普通に見られる。

昼食の間は小さい音量で懐メロがかかっていた。美空ひばり、都はるみ──、懐かしいような静かな昼のひととき。『ましまの家』は、**家にいるときと同じような居心地のよさを利用者に提供してくれる。**

『ましまの家』には**年末年始の休みがないが**、それも利用希望があるからだという。**朝食や夕食をDSで食べたいという利用者がいれば、実費程度（朝食200円、夕食400円）で提供しており**、ここで3食済ませることも可能だ。このサービスは特に独居の利用者に喜ばれている。送迎時間も個々の希望に合わせる。**利用者の個別の希望に極力応えようとする姿勢が、この小さなDSの運営を支える要**の部分なのだ。

野菜づくりや庭木の手入れを手伝うことでやりがいを感じてもらう

『ましまの家』は長野市の中心部から車で20分ほどの田園地帯にあり、近くには武田信玄と上杉謙信が何度も戦った川中島の古戦場もある。

そんな田園地帯に住む利用者には、何らかの形で農業に携わってきた人が多い。『ましまの家』の敷地には広い庭と本格的な畑があるが、希望者には畑で野菜をつくるのを手伝ってもらったり、庭木の手入れをしてもらったりする。収穫を楽しみに作業をすることで"やりがい"を感じ、土に触れることで生きるエネルギーが増していく。畑では、調理に使う野菜をいろいろと栽培している。大根、ネギ、ピーマン、ナス、キュウリ、とうもろこし、いちご、かぼちゃ、トマト――。たらの芽やフキノトウが出る季節は、毎日のように香り高い天ぷらが添えられる。

広い畑では、利用者も参加していろいろな野菜が育てられている。野菜畑の脇には、たくさん実をつけたブドウ棚が。

うどん打ち、信州名物の"おやき"づくり、おはぎづくり、野沢菜漬けなども、利用者参加の楽しい作業だ。**年をとってやらなくなったことをDSに来てすることで、やればできることがあったのだと気づく利用者もいる。**利用者の目に輝きが戻るとき、スタッフはやりがいを感じるという。

無料サービスも織り交ぜながら利用者の要望に合わせて個別対応

『ましまの家』は小さくて家庭的で、自宅にいるような雰囲気を大事にしているが、スタッフが利用者となれあう様子はまったくない。

スタッフは、**利用者には基本的に敬語を使って接している。**相手との会話によっては少しくだけた感じで話すこともあるが、そこには親しみがあり、敬意が感じられる。昼食を食べながらスタッフと利用者がおしゃべりしてい

るのが聞こえてきた。「娘さん、肩が痛いとおっしゃっていたけど、どうしましたか？」。認知症がある利用者の場合は、息子さんや娘さんの話題を会話に入れると、反応がよくなることが多いという。その様子を見ていた別の利用者が笑いながら言った。「女の人はしゃべることが一番だからね」

　『ましまの家』のような宅老所的なDSは利用者とスタッフの会話が多い。内容も実に細やか。**家族の様子を知るために会話したり、反応がいい話題を探ったりする。**何気ない会話もムダに話しているのではないことが、よくわかる。『ましまの家』では会話を増やすために3年前にテレビをなくしたが、その効果は確実に現れているようだ。

　『ましまの家』もほかの小さなDSと同様に、いやそれ以上にきめ細かく、**ときには無料サービス（朝食を食べずに来た利用者への軽い食べ物の提供、独居利用者の衣類の洗濯など）を織り交ぜながら個別対応をしている。**居宅介護支援事業所の**ケアマネジャーも、このDSはほかにはない個別対応をしてくれることを知っているので、優先的に利用者を紹介してくれる。**ケアマネジャーとは常に連絡をとり合っているので、施設への入居などで一度に大量の退所者が出たときも、なんとか赤字を出さずに済んだ。

　また、小さなDS事業所が集まって情報交換や研修を行う『**長野県宅老所・グループホーム連絡会**』に所属し、**新しい情報の収集や介護スキルの向上に努めている。**

昼食は、利用者それぞれが一番くつろいで食べられる場所で。グループで食べているダイニングテーブルからは、ときどきなごやかな笑い声が聞こえる。

　『ましまの家』では、家族との連絡を密にとるよう心がけている。『ましまの家』を頼りにしていることの表れなのか、連絡帳への家族の書込みが多い。なかには、連絡帳の域を超えて、家族の心情が綴られていることもある。そういう場合、スタッフは相手の気持ちを察してていねいに返事をする。こんな**双方向のやりとりが在宅介護を支えている**のだ。

Part 3

独自の知恵と工夫で黒字経営を続ける地域密着型デイサービス

07 基本情報

事業所の名称	ましまの家(2006年6月設立)
所在地	長野県長野市真島町真島2164番地
経営主体	社会福祉法人 長野南福祉会(理事長：倉石 和明)
経営主体の他の事業	特別養護老人ホーム、グループホーム、デイサービス、訪問介護事業、地域包括支援センター、巡回健診診療所、障害者支援施設 ※ましまの家の運営は独立採算
定休日	日曜日
提供時間	3〜5時間、5〜7時間、7〜9時間
定員	10人(今後定員を増やすことも検討中)
現在の平均要介護度	2.1
要支援利用者の受入れ	ⓐ　不可
若年性認知症利用者の利用実績	有　ⓐ
スタッフの構成	管理者1、生活相談員2(正；管理者兼1・介護職兼1)、看護師1(パート；機能訓練指導員兼)、介護スタッフ4(正1；生活相談員兼、パート1、嘱託2)、調理2(パート；栄養士)、送迎車運転員(スタッフの交替制)
入浴の有無	ⓐ　無
個別機能訓練の有無	ⓐ　無
独自のサービス	お泊り、希望者への朝食・夕食(有料)の提供など
独自のレクリエーション	畑作業、庭木の手入れ、調理作業、散歩・ウォーキングなど
送迎車の装備	スロープつき車両、シートリフト車両
取得している主な加算	サービス提供体制強化加算
建物の形態(所有・賃貸の別)	自宅兼用　ⓐ独立施設 (土地建物ともに経営母体の所有)
開業時の資金	自己資金(経営母体の)
借入金の返済状況	──
黒字化した時期	開業時から4年目
立地条件	市内中心部　ⓐ市内辺縁部
所在市町村内利用者の割合	約100%
地域区分と一単位単価	7級地：10.14円

Part 3
08 つばめデイサービス
（東京都江戸川区）

- ☑ 下町らしい柔軟さで徹底した個別対応を実践
- ☑ 近隣の歯科・内科のクリニックと連携して利用者を健康面でサポート
- ☑ 月1回の"外食の日"などで住み慣れたわが街を楽しんでもらう

つばめデイサービス（以下『つばめ』）は、株式会社GMCが新たにスタートさせた介護部門の事業。2015（平成27）年2月の開業に際して、介護業界で長年働いてきた大塚貴美江さんを管理者に招き、マネジメントをすべて任せた。大塚さんの自由で柔軟な発想に基づき、『つばめ』は独立独歩で運営されている。

他業種からの参入がフレキシブルなサービスを可能にした

『つばめ』は、東京都江戸川区松島にある**今風の一戸建てを借りて運営**されている。ここはいわゆる下町だ。開業は2015（平成27）年2月、経営母体は介護とは無縁の会社だ。管理者の大塚貴美江さんに、ここの管理者となるきっかけを聞いてみた。「こちらに来る前は、お泊りを行うデイサービス（DS）で長い間働いていました。それを知った親会社から、知り合いを通じて『つばめ』の管理者をやらないかと誘われたんです」。大塚さん自身もこの近辺で生まれ育ち、松島は馴染みのある地域だという。

道路際にこんな立て看板が出ている。この小さな看板以外に特別な宣伝はしていないが、下町特有の"口コミ"によって利用者が集まる。

2015年2月と言えば、他業種から介護事業に参入した事業者に撤退するところが出始めた時期。だが、親会社はそうした事情に過敏に反応することなく新事業をスタート。お泊りデイの経験を買われた大塚さんだが、『つばめ』には宿泊メニューを入れなかった。**お泊りがないほうが、利用者を無理やり囲い込む形ではないフレキシブルなDSがつくれると考えた**からだ。

　スタートから数ヵ月は赤字が続き不安に思うこともあったが、月ごとの浮き沈みに動じることなく、自分の考える介護を自由に実践していった。「曜日によって利用単価などにムラはありますが、うちの場合、**稼働率が6割でトントン、定員の7割が埋まれば利益が出る**」。『つばめ』は、**開業した年の後半には利用率が採算ラインを超え、黒字化を達成**した。

下町らしい柔軟さで徹底した個別対応を実践

　大塚さんの運営のモットーは、**少人数のよさを追求する**こと。利用定員が10人と少なく介護スタッフも多くないので、機能訓練指導員（看護師）以外のスタッフは、**仕事に垣根を設けずその時々にやるべきことを臨機応変に実行する**。たとえば、あるスタッフがイレギュラーな個別対応をしているときは、周りのスタッフがほかの利用者のケアが疎かにならないようフォローする。これは、"利用者への個別対応は当たり前"、"スタッフどうしが協力し合うのも当たり前"という下町流の柔軟さがスタッフみんなに定着しているから。小規模なDSでは、このやり方のほうが**スタッフの仕事の密度が濃くなり、結果的に人件費が少なくて済む**。また、**利用者の満足度がアップして定着率も向上する**という。

　送迎ひとつとっても、少し早めにとか遅めにといった個別対応の一段

広々としたきれいな浴室。利用者はここで1人ずつ、自分の好みの温度に設定されたお湯に浸かる。

も二段も上をいく。**起きる時間に合わせて1人ずつ迎えに行く**のだ。11時半のお迎えもある。鍵を預かっていて、寝ている利用者を起こし、着替えや軽い朝食などの世話をして車に乗せるケースもある。だから、スタートは五月雨(さみだれ)式。結果的に利用時間は3～5、5～7時間のみで、後者が中心となる。

お風呂の対応にも気づかいが感じられる。**お湯の温度を一人ひとりの好みに合わせて変える**のだ。自己申告できる人はその温度に、口で伝えられない人は入浴時の表情などから適温を見極める。だから、ぬるい湯が好きな人から順番に入ることになる。「熱くなけりゃお風呂じゃない」というある女性利用者はいつも最後。「ぬるいお風呂に入るくらいなら、一番あとでいい」のだ。

利用者(家族)にとって、このような**個別対応はとてもありがたい**。だから、『つばめ』を利用し続ける。

近隣の歯科・内科のクリニックと連携して利用者を健康面でサポート

高齢になると、病院に行くことが多くなり、通院自体も大仕事になる。『つばめ』では、**独居や日中独居の利用者が多いため、医療機関と密接な連携をとって医療面をフォロー**している。**歯科と内科のクリニックの定期検診や治療を、利用時間外に事業所内で受けられるようにしている**のだ。

歯科には特に力を入れ、訪問歯科診療部門がある近隣のこばやし歯科クリニックと連携。ここは基本的な治療ができる訪問診療専用車を保有し、治療はもとより、口腔状態を最善に保つための咀嚼(そしゃく)・嚥下(えんげ)・口腔機能評価なども行う。義歯の不具合にもその場で対応してくれる。

江戸川区は、昔から高齢者の一人暮らしや高齢者夫婦の二人暮らしが

『つばめ』は口腔ケアや口腔機能訓練に特に力を入れている。"口のなか"に興味をもってもらおうと、デイルームの壁には嚥下や唾液などがイラスト入りでわかりやすく説明されている。

多い地域ということもあり、高齢者の支援には力を入れてきた。在宅訪問歯科診療も江戸区が地元医師会と協力して平成元年から導入したものだ。

"外食の日"などを通じて住み慣れたわが街を楽しんでもらう

自分の暮らしてきた街には愛着があるものだ。隣近所が寄り添うように暮らす下町ではなおさらのこと。『つばめ』では、**住み慣れた街を身近に感じ続けられるよう、利用者と一緒に積極的にわが街に出ていく**。

保育園や小学校でお遊戯会や運動会があれば、全員で参観に行く。区民会館で興味のある行事やお祭りがあれば参加する。そうした場所がDSから歩いてすぐの場所にあるのもこの土地ならでは。

食事のサポートが必要な利用者には、介護スタッフや看護師がマンツーマンで対応。いつも家でしているように、テレビを見ながら食べるのもOKだ。

みんなでお出かけすることも多い。**月に1回は"外食の日"がある**。利用者とスタッフ全員で街に繰り出し、回転寿司や洋食屋で外食するのだ。普段はあまり食べない人も、お寿司屋などでは驚くほど食欲が出るという。車椅子の利用者がいるので必ずエレベーターがある店を選択しているが、外食できる店は山ほどある。**外食の日に雨が降ったら、みんなで出前をとる**。下町は、人が訪ねてくれば寿司をとるのが当たり前という土地柄だ。出前は生活に馴染んでいる。DSで出前をとってもいいじゃないか、と『つばめ』は考える。下町人は、昔から自由な気風なのだから──。

お出かけには、みんなでケーキ屋さんに行く"**おやつ食べよう会**"もある。**年をとってできなくなったことが、ここに来てまたできるようになる**。そこには、子どものころから暮らしているわが街を丸ごと楽しんでもらおうという、『つばめ』の思いがある。

大切なのは利用者の事情に合わせて"在宅"を支援すること

『つばめ』には手すりというものが一切ない。階段にすらない。その代わり、移動するときの見守りや介助は徹底して行う。

それには理由がある。この辺りには、家の構造上、廊下や階段に手すりがつけられない家がまだまだあるからだ。ここに手すりがあっても、自宅になければ意味がない。"在宅"を支えるには、利用者が何かしらもっている障害の状況を理解し、利用者が自分の家でどう生活しているかを知り、その状況に近い環境を想定してサポートする必要がある。スタッフの仕事は大変になるが、それが在宅サービスを標榜する『つばめ』の仕事だと考えている。

要介護度の高い利用者でも安心な介護ベッド。

『つばめ』には1階と2階にデイルームがあるが、アパートの2階に住んでいたり、自分の部屋が2階だったりする利用者には、あえて階段を使う2階のデイルームで過ごしてもらう。

個別機能訓練も利用者の日常に直結したものでなければならない。たとえば「1人でスーパーや病院に行くことが目標」の人は、杖を使ってしっかり歩けるように訓練する。和室の静養室で布団を敷いて休む場合も、できるだけ利用者に布団をたたんでもらう。独居の利用者が家に帰れば、何でも自分でしなければならないからだ。

このほか、**独居の在宅を支える"夕食弁当"**も好評だ。保健所などに相談した結果、有料（1食500円）でお弁当をもち帰ってもらえるようになった。**利用者を自宅に送り届けたら終了ではなく、ドアの向こうの生活を想像して手を貸す。**いかにも下町の小さなDSらしい気づかいがそこにある。

08 基本情報

Part 3　独自の知恵と工夫で黒字経営を続ける地域密着型デイサービス

事業所の名称	つばめデイサービス（2015年2月設立）
所在地	東京都江戸川区松島2-35-30
経営主体	株式会社GMC（代表：村上 誠蔵）
経営主体の他の事業	建設事業
定休日	日曜日（ただし、臨時の利用には対応）
提供時間	3〜5時間、5〜7時間
定員	10人
現在の平均要介護度	約2.5
要支援利用者の受入れ	㊲　不可
若年性認知症利用者の利用実績	有　㊲
スタッフの構成	管理者1、生活相談員1（正；管理者兼）、看護師1（パート；機能訓練指導員兼）、介護スタッフ4（パート）、調理（スタッフの当番制）、送迎車運転員（スタッフの交替制）
入浴の有無	㊲　無
個別機能訓練の有無	㊲　無
独自のサービス	利用時間外の歯科・内科往診、夕食弁当など
独自のレクリエーション	保育園や小学校行事の参観、市民祭への参加、外食など
送迎車の装備	スロープつき車両
取得している主な加算	口腔機能向上加算
建物の形態（所有・賃貸の別）	自宅兼用　㊲独立施設 （個人住宅を賃貸／家賃30万円弱）
開業時の資金	自己資金（親会社の）
借入金の返済状況	──
黒字化した時期	開業時から1年目
立地条件	市内中心部　㊲市内辺縁部
所在市町村内利用者の割合	約90%
地域区分と一単位単価	1級地：10.90円

Column 2

地域密着型デイサービスに移行したところが損をすることはない！

　今回、規模の小さいデイサービス（DS）の現状を知るために、たくさんのDSから話を聞きました。そこには、何の迷いもなく移行したDSがある一方で、早々に見切りをつけてDSから撤退するところもありました。

　電話で取材した経営者から、「規模の小さいDSで元気にやっているところがあったら、教えてほしい」とか「このままでは赤字が嵩むから、やめたほうがましだ」と言われることも。そういった言葉の裏には共通の空気が感じられます。「小規模なDSには未来がない、国も地元自治体もDSの大規模化を望んでいる──」

　でも、本当にそうなのでしょうか？ 元気なDSの現場を実際に取材してみて感じたことは、「小規模で小回りが利く家族的なDSに対するニーズは根強く、そういうDSが地域介護を支えている」ということです。厚生労働省へのインタビューでも「DS事業所の規模はいろいろあってよく、小さいところと大きいところの両方が必要と考えている」との回答を得ました。また、自治体へのヒアリングでは、「地域密着型DSには規模の大きいDSにはない長所があり、それを必要とする利用者も多い」という話を聞きました。

　もう1つ大事なことは、月に300人を超える（理論的には30日の月で540人までの）利用者を受け入れることができるようになり、収入を大きく増やすチャンスが生まれたことです。

　こうしたことを考え合わせると、沈みそうに見える船から"逃げるが勝ち"と撤退していくDSをしり目に、踏ん張って地域密着型に移行したところが損をすることは、決してないでしょう。

Part 4

集客&利用者の定着を実現する運営実務の16のポイント

Part2では、「黒字経営を実現するための16の事業戦略」について地域密着型デイサービス(DS)の経営に焦点を当てながら説明しました。そして、Part3では、さまざまな地域で独自性のある経営・運営をしている8つの地域密着型DSの特長や事業内容を詳しく紹介しました。

このPartでは、「集客と利用者の定着を実現する運営上の方策」について、管理者だけでなく地域密着型DSの運営を日々支えている生活相談員や介護スタッフの皆さんにも読みやすくわかりやすいように、具体例を示しながら説明していきます。

運営については、DSで働く人たちの役割を踏まえながら、少しがんばれば実現できるレベルの方策を管理者が立てて、生活相談員や介護スタッフが自主的に実践してくれるよう促していく必要があります。すごくがんばらなければならないような方策では実現は困難でしょうし、上から押しつけられたのでは生活相談員や介護スタッフはやる気が湧かないでしょう。

ですから、このPartでは、少しの工夫と努力をすれば実現可能な方策を示し、方策を実践するときのポイントを詳しく説明していきます。

なお、このPartは、地域密着型DSの日常業務や年間行事の基本的な流れを踏まえた構成になっているので、順を追って読み進んでいくことで何をどのように実践していけばよいのかが、すんなり頭に入ってくるでしょう。

Part 4 01 利用希望者の見学時に事業所の"独自性"と"魅力"をアピールする

デイサービス運営の第一歩は利用者に選んでもらうこと

> 利用希望者による見学は、「選んでもらう」ための大切な機会です。管理者とスタッフが協力して事業所の"独自性"と"魅力"をアピールしましょう。

利用者にメリットをもたらす"独自性"をアピールしよう

　利用希望者による見学時には、自分のデイサービス（DS）のよさを短時間でわかってもらう必要があります。なかでも**"独自性"は、利用希望者に選んでもらう決め手になる**はず。独自性と言っても、どこにもないような独創的なことである必要はありません。事業所のつくり、レイアウト、雰囲気、対応するスタッフの人柄、管理者の方針などが違えば、自ずと独自性が生まれるからです。

　大切なのは、「**うちでは利用者の皆様に快適に過ごしていただくためにこんな取組みをしています**」**と積極的にアピールする**こと。ただし、押しつけがましい印象を与えないように、さりげなく感じよく伝えましょう。

独自に行なっている取組みの例	
	和室でも洋室でも、利用者の**好きなところで自由にくつろげる**ようにしている。
	個別機能訓練に筋肉マッサージを組み合わせ、**マッサージの心地よさによってトレーニングのモチベーションを上げる**よう工夫している。
	小学校の運動会など一般市民がたくさん集まる催しに参加し、**社会の一員であるという気持ちをもち続けてもらう**ようにしている。
	菜園づくりや餅つきなど、「できなくなったことを事業所でしてもらう」ことで**利用者の喪失感を和らげる**努力をしている。
	認知症の人に**不安や羞恥心を与えない**よう、スタッフ全員に認知症対応の教育を徹底している。

　そして、規模の小さなDSならではの視点ときめ細かな対応によって、利用者と家族の要望・希望をなるべく満たすような努力をしていることを知ってもらうようにしましょう。

利用者にとって"魅力"となることをアピールしよう

　利用者にとって"魅力"となることを普段から当たり前のように行なっているDSでは、何が魅力なのか気づかないことも結構あるでしょう。

　ですから、**ケアマネジャーや利用者・家族との日ごろのやりとりのなかで、どんなところに魅力を感じてくれているのかを知ることが大事**です。ケアマネジャーや利用者・家族に直接たずねてみるのもいいでしょう。

利用者が感じる魅力の例	
	笑顔のステキな**明るいスタッフ**が多い。
	利用者どうし仲がよく**和気あいあい**としている。
	食事がおいしい。
	生活相談員が**相談事に親切**に対応してくれる。
	庭の花壇に**きれいな花**がたくさん咲いている。

　何が自分のDSの魅力なのかが把握できたら、見学時にスタッフ全員が自分の言葉でそれをアピールできるように練習しておきましょう。

欲張らずポイントを絞ってアピールすることが大切

　"独自性"や"魅力"がラインアップできても、見学時にそれらをすべて伝えようとすると、利用者や家族は消化不良を起こしてしまい、DSの特長がはっきりわからなくなってしまいます。**大事なのは、その利用希望者がどんな独自性や魅力を求めているかを知り、それに合うものを選んでアピールすること**です。

　そのためにはまず、問合せの時点でケアマネジャーから入手した利用者に関する基本情報をしっかり頭に入れて見学者に対応すること。そして、見学時の会話のなかから利用者・家族が困っていることや利用するに至った経緯をさり気なく聞き出すことが大事です。

　利用希望者や家族がDSのアピールポイントに価値があると感じてくれれば、"選ばれる"可能性が高まるということをよく理解しておきましょう。

Part 4 - 02

サービス担当者会議を情報収集とアピールの場にする

会議を利用者・家族と"いい関係"をつくる第一歩に

> サービス担当者会議では、利用者や家族の状況をしっかりと把握し、デイサービス(DS)の特長をていねいに説明しましょう。

サービス担当者会議で利用者と家族の現状をしっかり把握しよう

　サービス担当者会議の目的は、**利用者と家族の現状を知ることと、利用者が受けている介護サービスの全体像を把握すること**。この2つを知ることで、利用者にどんなサービスを提供すればよいか的確に判断できます。

　また、利用者・家族との"いい関係"づくりは、この会議から始まります。この機会に、自分の事業所にはどのような特長があり、それが会議で明らかにされた課題の解決にどう役立つのかを、利用者とその家族にていねいに説明しましょう。

DSにとってサービス担当者会議の目的は？

- 利用者・家族の**現状**と**抱えている課題**を把握する ← 利用者・家族 → 利用者が受けている**介護サービスの全体像**を把握する
- ケアマネジャー
- DSの特長をアピールし、利用者・家族と"いい関係"をつくる第一歩にする

会議を通じて自分のDSがどんな役割を担えばよいか理解しよう

　サービス担当者会議では、**利用者が受けている（または新たに受ける）介護サービスの全体像を把握し、そのなかで自分のDSがどのような役割を担**

えばよいのか理解する必要があります。これらの情報は、担当のケアマネジャーが作成したケアプランから入手できますが、**利用者や家族が望んでいることや困っていることを直接聞く**ことで、さらに詳しい情報を入手しましょう。そうすれば、利用者や家族が満足するサービスを提供できるようになります。下図は、自分の DS が担うべき役割を理解するプロセスです。

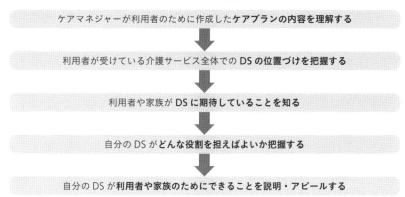

アセスメントに役立つ情報も入手しておこう

サービス担当者会議では、アセスメントのステップで必要になる情報（下表を参照）も入手しましょう。この会議の前にケアマネジャーは利用者のアセスメントを行なっており、結果を記入した表が DS 事業者に渡されます。それを転用すればいいと考える生活相談員もいるようですが、**サービス担当者会議は、予断なく利用者の様子を観察するよい機会**です。会議へはアセスメントの意識をもって参加し、利用者の住環境や生活スタイル、利用者と家族の関係などを自分の目でしっかり観察しましょう。

サービス担当者会議でアセスメント用に収集すべき主な情報	
・利用者住宅周辺の住環境	・住宅内部の構造と不便な点
・利用者の生活スタイル	・日常生活で困っていること
・通院状況と服用薬	・生きる意欲のレベル
・利用者と家族の関係	・楽しみや生きがい

Part 4 03

アセスメントで利用者・家族の課題（困り事）を洗い出す

キーワードは"潜在的な困り事"と"困り事の予兆"

> 地域密着型デイサービス（DS）では、利用者をきめ細かくケアすることが満足度を上げる決め手。それには、常に困り事を見つけ出す姿勢が大切です。

すべての機会・シーンにアセスメントの目を向けよう

　地域密着型DSでは、通常規模型や大規模型のDSよりきめ細かく個別対応することで満足度を高め、定着率を上げていくことが不可欠です。それには、アセスメントを目的とする面談時だけでなく、**日ごろの介護現場にもアセスメントの目を向ける**必要があります。アセスメントは生活相談員が行うのが基本ですが、地域密着型DSのような小さな事業所では、**スタッフ全員がアセスメントの意識をもって利用者と接する**ことが大切。利用者が困っていることや望んでいることを見つけ出して、満足のいく対応をしましょう。

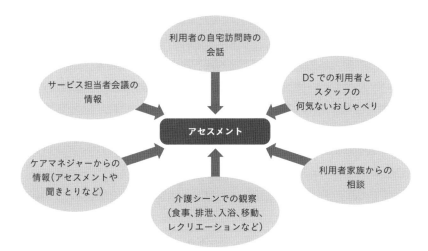

在宅介護が困難になるような"潜在的な困り事"を見つけ出そう

　潜在的課題とは、本人や家族が自尊心などから積極的に言いたがらない困り事や、本人や家族が自覚していない困り事のこと。在宅介護を支えるには、そうした**埋もれた課題（困り事）を見つけて適切に対応する**必要があります。隠れた困り事を見つけ出すには、「隠れた困り事や要望があるはず」という前提で、利用者や家族のふとした言葉、しぐさ、表情、日常の動作、家族を含めた周囲との人間関係などを注意深く観察することが大切です。課題が明らかになったら、それに対して適切な解決法を考えましょう。

日常から見えてくる潜在的な課題の例	
利用者の様子	隠れていた課題
以前に比べ、昼食が待ちきれない様子で、出された食事は必ず完食する。	同居の妻が食事づくりを嫌がり、朝食をつくらなくなっていた。
最近、笑顔が減り、声かけに対する反応が少なくなった。	近居の娘一家が転勤で引っ越してから、見捨てられたように感じている。
自分のことを大声でしゃべり続けるので、他の利用者から反感を買っている。	急にテンションが上がって話が止まらなくなるのは、初期認知症の兆候だった。

"困り事の予兆"を見つけよう

　アセスメントとは、生活の困り事など、在宅での生活に影響を与えそうな要素を明らかにすること。そこには、放置しておくと困り事になりそうな要素も含まれます。**困り事を予見して対策を立てる**ことができれば、家族から信頼されて定着率の向上につながります。

困り事を予見した例	
日常から見える利用者の様子	観察から予測される困り事
新しい入れ歯がまだ馴染まないのか、ときどき入れ歯を外している。	ティッシュに包んで置いておくので、ゴミと間違えて捨てる恐れがある。
足腰の弱りが進んできたが、歩行は自立しているため杖などをもつのを嫌がっている。	座った姿勢から立ち上がって歩き出すまでにふらついて転倒する危険がある。
物忘れが進み、トイレの場所を忘れたり、入浴後の着衣の順序がわからなくなったりすることが多くなった。	忘れたことを気づかれないようふるまうことで、失禁などのトラブルが増える恐れがある。

Part 4
04 利用者・家族の課題を解決できる『通所介護計画書』をつくる

ポイントは個別対応について具体的に記述すること

> きめ細かな個別対応をして満足してもらうには、『通所介護計画書』に利用者・家族の課題を解決する具体的な方法を記述する必要があります。

アセスメントやフェイスシートで得た情報をフル活用しよう

　利用者・家族に満足してもらえるサービスを提供するには、課題や要望に対して何をするのかを『通所介護計画書』に具体的に書かなければなりません。そのためには、**独自の目で行なったアセスメントやフェイスシートから得た情報を最大限に活用**しましょう。

利用者・家族の課題を解決できるきめ細かな『通所介護計画書』をつくろう

アセスメントから得た情報の例
・自宅の階段が狭く手すりがない
・薬の飲み忘れが多い
・足が弱って最近はあまり外出できなくなった
・トイレが間に合わず、たまに失禁する
・娘を煩わせず病院に行きたい

よい『通所介護計画書』

フェイスシートから得た情報の例
・静岡県出身で富士山と花が好き
・夫と死別した3年前から独居
・国民年金だけで家計が苦しい
・生命保険の外交員として家計を支えてきた自負がある
・低血圧で朝は食欲がない
・友人が少ないことが悩み

留意事項欄に個別対応に必要なきめ細かい情報を記入しよう

　『通所介護計画書』はケアマネジャーの『ケアプラン』を基に大枠をつくり、それを具体的なサービス内容に落とし込むもの。**きめ細かな個別対応によって利用者の満足度を上げるために、計画書の留意事項欄をうまく活用すること**が大事です。留意事項には「こう書かなければならない」という制約はありません。利用者が楽しく有意義に過ごせるような具体性のあるコメントを記入しましょう。

サービス内容と留意事項欄の記載例	
サービス内容	留意事項
畑仕事やレクリエーションを通じて他の利用者と交流し、**生きるエネルギーを引き出す**。	2年前に夫が亡くなるまで2人で家庭菜園をしていた。まずは**野菜の収穫から手伝ってもらい**、楽しむ様子が見えたら、だんだん作業を増やしていく。
昔の遊び、習い事、体操など通じて**認知症の進行を抑える**。	子どものころにピアノを習っていたので、本人を上手に誘導して**デイの電子ピアノを演奏してもらう**とよい。スタッフも一緒に簡単な曲を弾いてみる。
得意の編み物で、**手指の機能向上や認知症の抑制を図る**。	昔のような機械編みはむずかしいので、簡単な**かぎ針編みで編み物を再開して、楽しさを感じてもらう**。マフラーなどを編んで作品展に出すことを目標にする。

『通所介護計画書』をスタッフ全員が読むよう促そう

　こうしてつくられた『通所介護計画書』は、その利用者のケアに関係するスタッフ全員に周知されていなければ意味がありません。関係者全員が計画書にしっかり目を通し、そこに**示された目標が達成されているか、利用者・家族の課題が解決できているかをみんなで判断する**ことが必要だからです。

　情報共有のツールにはケース記録や業務記録もありますが、原点は『通所介護計画書』。**スタッフがいつでも読めるようにし、情報共有の起点のツールとして活用**しましょう。

『通所介護計画書』の適切な活用の仕方

| 実際の介護が計画書の**目標を達成しているか**確認する | ← 関係するスタッフ全員で読む → | 計画書の情報を共有し、**内容に則した一貫性のある**ケアを行う |

Part 4 - 05 モニタリングで介護計画と現状のズレを見つけてケア改善に生かす

モニタリングは利用者・家族の満足度・不満足度を測るツール

> モニタリングで利用者・家族の満足度・不満足度を測定し、満足度が上がるように、提供するサービスの内容を変えていきましょう。

利用者と家族の満足度を分けて測ろう

　モニタリングは、行なったケアの内容と『通所介護計画書』の内容を照らし合わせ、「計画どおりにサービスが提供されたか」、「それによって課題が解決したか」、「利用者や家族はサービスの内容に満足しているか」、などを評価する作業。この作業をしなければ、サービスに対する利用者や家族の気持ちを推し量ることができず、介護の仕事は自己満足で終わってしまいます。

　また、**モニタリングの精度を向上させるには、利用者と家族の満足度（不満足度）を別々に測ることが大切**。その際、『**モニタリング表**』の評価欄の隣にコメント欄を設けて、利用者と家族の評価の根拠も記入しましょう。

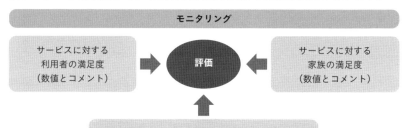

モニタリングには前回との比較（変化）を記入しよう

　モニタリングでは、**利用者・家族の満足度・不満足度のほかに、身体・心理状況や日常の表情などの欄を設けて評価を行う**とよいでしょう。この評価

では、**前回との比較コメントをつけるのが効果的**。前回よりよくなったか悪くなったかを評価することで、モニタリングの精度は格段に上がります。

<table>
<tr><th colspan="3">利用者・家族の状況の記入例</th></tr>
<tr><th></th><th>評価</th><th>前回との比較</th></tr>
<tr><td>身体の状況</td><td>良←1・2・③・4・5→不良</td><td>前回は4。足の筋力低下から前回より膝折れすることが多くなった。</td></tr>
<tr><td>心理状態</td><td>良←1・2・3・④・5→不良</td><td>前回は4。特に興奮したり落ち込んだりすることもなく、落ちついている。</td></tr>
<tr><td>日常の表情</td><td>暗←1・2・③・4・5→明</td><td>前回は4。お孫さんが中学生になって会う機会が少なくなってから、少し元気がない。</td></tr>
<tr><td>認知症の症状</td><td>軽←1・2・③・4・5→重</td><td>前回は2。お茶を入れるなどの日常動作がスムーズにできなくなってきた。</td></tr>
<tr><td>家族の負担度</td><td>軽←1・②・3・4・5→重</td><td>前回は3。週3回利用を4回に増やしたことでストレスが減った。</td></tr>
</table>

利用者と家族の満足度のバランスをとろう

モニタリングの目的は、利用者と家族の満足度をさらに向上させることです。ただし、**同じ事項に対する利用者と家族の満足度が食い違う場合は、どちらの意向を優先させてサービスを提供するかを判断する**必要があります（両者の意向はコメント欄から読みとれます）。介護サービスでは、**利用者本位の立場から利用者本人の満足を第一に考えるのが基本**ですが、いつでも利用者の気持ちを優先するのはむずかしいでしょう。なぜなら、**家族がギブアップすれば"在宅介護"が破綻してしまう**からです。地域密着型 DS では、そうした利用者と家族の状況をよく理解し、**利用者のメリットを第一に考えながらも家族が過剰な負担を負わないよう配慮し、実状に合ったバランスのよい対応をする**よう心がけましょう。

Part 4
06

介護記録をケア改善のツールとして活用する

介護記録は活用してこそ意味がある

> 介護記録は出来事を記録するだけのものではありません。介護記録をうまく活用して、介護向上のスパイラルアップを図りましょう。

介護記録で"ケア改善のスパイラルアップサイクル"をつくろう

　介護スタッフにとって現場の介護が大事なことは言うまでもありませんが、そうした現場の介護を改善したり、より効果的にしたりするには、介護記録が欠かせません。それは、介護記録がなければ、提供したサービスの実態も、利用者について観察した様子もスタッフの記憶からしだいに消えていってしまうからです。

　介護の内容を記録することではじめて、どういうところに問題があり、どのように改善すべきなのかが見えてくるのです。

介護記録を活用したケア改善のスパイラルアップサイクル

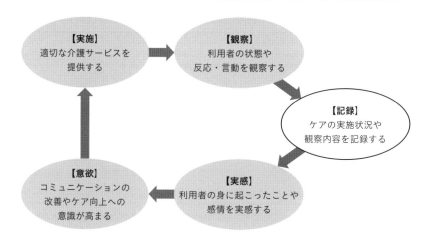

【実施】適切な介護サービスを提供する

【観察】利用者の状態や反応・言動を観察する

【記録】ケアの実施状況や観察内容を記録する

【実感】利用者の身に起こったことや感情を実感する

【意欲】コミュニケーションの改善やケア向上への意識が高まる

介護記録による情報共有を促進しよう

　ケア改善には介護スタッフの情報共有が欠かせません。**スタッフが入れ替わるごとに利用者への対応が変わったのでは、利用者のニーズにきめ細かく対応することがむずかしいからです。**そのためのツールが介護記録。これを有効なツールとして活用するには、スタッフが**ほかのスタッフの記録に日ごろからよく目を通すのはもちろん、他のスタッフに情報が引き継がれることを意識して具体的にわかりやすく記述する**ことが大切です。

自分だけがわかる日記的なケース記録	情報共有を意識したケース記録
Mさんに私の趣味の話をしたら、とても興味を示してくれた。次に話すときの反応が楽しみだ。	Mさんに趣味で○○山によく登ると話したら興味を示した。山菜とりで何回も登ったことがあるそうだ。
Sさんは風船バレーをやりたがらなかった。後半になって少し参加した。	風船バレーが始まるときSさんが「運動が苦手なので──」と言った。「私と組めば大丈夫ですよ」と励ましたら、だんだんやる気が出てきた。

介護記録による経過観察で利用者の"元気"を支えよう

　介護記録は情報共有だけでなく、利用者の経過観察にも活用できます。記録を用いた経過観察はすべてのスタッフが行うのが理想ですが、少なくともスタッフのリーダー的な生活相談員にとっては不可欠。それによって、利用者や家族により適切に接することができるようになるからです。生活相談員は、**ケース記録を注意深く読み、そのなかにときどき出現する同種のトピックを追いかけることで利用者の心身の変化に常に気を配る**必要があります。

状況を主観的に記録したケース記録	継続的な経過観察を意識したケース記録
Hさんは新しく入ったAさんが昔の友人だったことを知り、すごく喜んでいる。	息子夫婦が転勤で遠方に引っ越してから元気がなかったが、旧友のAさんが入ったことで気持ちが上向いてきた。
最近認知症が進んできたBさんだが、デイの畑ですばらしい大根をつくってくれた。それを味噌汁に使ったら、とても喜んだ。	去年、奥さんを亡くして家庭菜園をやめていたBさんは、ふさぎ込むことが多かった。デイで畑仕事をするようになって気力が出てきたようだ。

Part 4 07 介護スタッフの気づきや意見を サービス改善に生かす

デイサービスでの情報共有は管理者の重要な役割

> ケア現場でスタッフが気づいたことや感じたことは、サービス改善の重要な手がかりとなります。関係者全員で共有できる仕組みをつくりましょう。

『ケース記録』に介護スタッフの気づきや意見を書き込んでもらおう

　各種の介護記録のなかでサービスの改善に大きな役割を果たすのが、介護スタッフが利用者ごとにケアの様子を記録する『ケース記録』です。**担当スタッフが気づいたことや意見を『ケース記録』に積極的に書き込むようにすれば、サービス改善のヒントが得られる**でしょう。

気づきや意見が記されていない『ケース記録』の例
最近、入浴時に浴槽に入るのを嫌がることが多くなってきた。 『通所介護計画書』の「利用者家族の要望」欄に、「父はお湯にゆっくり入るのが楽しみなので、なるべく湯船に入れてあげてください」とあるので、何とかなだめて浴槽に入ってもらった。

気づきや意見が記されている『ケース記録』の例
最近、入浴時に浴槽に入るのを嫌がることが多くなってきた。 理由を聞いてみると、「浴槽でお湯に浸かるとなんだか怖くなるので、シャワーのほうがいい」という返事だったため、今日はシャワーにした。 【コメント】「利用者家族の要望」欄に、「父はお湯にゆっくり入るのが楽しみなので、なるべく湯船に入れてあげてください」とあるが、状況が変化してきたようなので、この要望について家族と話し合う必要がある。

　『ケース記録』については、タブレット型端末で記入・閲覧できるようにするなど、情報共有を促進する仕組みをつくるとよいでしょう。

スタッフミーティングを定期的に開いて 介護スタッフから気づきや意見を引き出そう

　スタッフミーティングは、報告の場というよりも話し合いの場として活用するのがよいと考えられます。ミーティングでは双方向のコミュニケーションが可能なので、気づきや意見を出し合って課題解決やサービス改善のヒントを探る場になるよう工夫しましょう。

介護スタッフから出される気づきや意見には、**課題の解決やサービスの改善に役立つヒントがいろいろある**はずです。スタッフミーティングで価値あるアイディアを引き出すポイントを下表に示します。

価値あるアイディアを引き出すためのポイント
・突飛なアイディアも歓迎する
・誰かが意見を言っている間は口を挟まず最後まで聞く
・他者のアイディアを否定・非難しない
・他者のアイディアを前向きに評価検討する
・価値のありそうなアイディアにひねりを加えてよりよくする

※上記のポイントは、ブレインストーミング手法を参考に作成しています。

アイディアをサービス改善に生かす具体的な方法をスタッフに示そう

　スタッフミーティングでは、自由な雰囲気のなかで意見を出し合ことが大事ですが、それだけでは意味がありません。いいアイディアが出されて話し合いが十分になされたら、ミーティングをリードする管理者と生活相談員が価値のある**アイディアを選び出して、それをどう生かすのかを具体的に示す**必要があります。

価値あるアイディアを 個別の課題解決に生かす例	価値あるアイディアを サービスの改善に生かす例
スタッフ：Aさんは独居で迎えの車に乗るまで時間がかかるので、個別の迎えにしたほうがよいのでは？	スタッフ：昼食用のトレイが滑りやすいので汁物がこぼれやすい。滑りにくいものに変えたほうがよいのでは？
⬇	⬇
管理者・生活相談員：迎えの車を調整することで実現できるので、そのようにしましょう。	管理者・生活相談員：それほど費用はかからないと思うので、調理担当と相談して変更するようにしましょう。

Part 4 08

生活相談員を介護チームの司令塔と位置づける

地域密着型デイサービスはチームプレーで戦力アップを

> 地域密着型デイサービス(DS)では、生活相談員を介護チームの司令塔として機能させることで戦力アップを図りましょう。

DSにおける生活相談員の役割をはっきりさせよう

DSには生活相談員を1人以上配置することが義務づけられています。厚生労働省は、DSの生活相談員に下記の2つの役割を期待しています。

厚生労働省が生活相談員に期待している役割

DS内での役割	DS外での役割
介護スタッフのリーダー的存在	地域連携活動のキーパーソン的存在

また、DS内での役割については、「**生活相談員は相談・調整業務を行うだけなく、介護スタッフの業務を把握・管理し、介護計画書の作成などの主要業務を行うのが妥当**」と位置づけています。

生活相談員を介護チームのコーチ兼プレーヤーと位置づけよう

地域密着型DSは、個人経営に近いところが多いため、全般的に組織体制が整っていないようです。そういう事業所では、介護スタッフの個人的な力量が事業所全体のパワーを大きく左右します。

このような状況で経営の安定化を求めても、なかなかむずかしいでしょう。しかし、高校野球において9人しかいないチームが大健闘して甲子園に出場するケースがあるように、地域密着型DSでもやり方しだいでは事業所の戦力を向上させることが可能です。その方法とは、**介護スタッフをチーム化**

して協力・補完し合う体制を整えることです。

その場合に重要な役割を担うが、"介護スタッフのリーダー的存在"の生活相談員です。地域密着型DSでは介護業務を一部担当する生活相談員も多いようなので、**生活相談員を"介護チームのコーチ兼プレーヤー"と位置づける**のがよいでしょう。

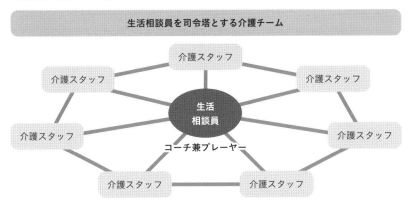

地域密着型DSでは事業所の管理者が生活相談員を兼務しているケースもあります。そういう場合は、**"監督兼プレーヤー"**と位置づけるといいでしょう。大事なのは、**1つのチームとして機能させる体制を整えること**です。

生活相談員は司令塔になれるよう努力しよう

介護スタッフが生活相談員に期待するのは、主に次のようなことです。

・介護業務を一部分担してくれる
・スタッフの困り事の相談にのってくれる
・介護現場全体を見渡して仕事の偏りを調整してくれる
・スタッフどうしの情報共有を促進してくれる
・スタッフどうしの連携・協力をアシストしてくれる
・トラブルが発生したときに解決をサポートしてくれる

生活相談員はこういう役割を積極的に担うことで、介護スタッフからチームの司令塔として認められるよう努力しましょう。そうなれば、チームが効果的に機能するようになり、DSの戦力がアップしていきます。

Part 4
09 介護サービス改善・向上の仕組みをつくる
サービス向上によって利用者定着と集客力アップを実現

> サービス改善・向上の仕組みづくりは手間がかかりますが、スパイラルアップサイクルが回り始めれば、集客力のアップと利用者の定着につながります。

介護サービス改善・向上の仕組みづくりは管理者と生活相談員の仕事

　地域密着型デイサービス（DS）には大手と違ってサービス品質に関する専門家やアドバイザーがいないため、**管理者と生活相談員が協力し合って介護サービス向上の仕組みをつくる**必要があります。

　そのために、DS が利用者にサービスを提供する基本的な流れを把握し、そこからサービスの改善・向上の機会を見つけましょう。

DS が利用者にサービスを提供する基本的な流れ
①利用受入れ可否の問合せに対応する
②利用希望者の見学に対応する
③サービス担当者会議に出席して利用者・家族の要望などを聞く
④利用契約を締結する
⑤利用者の**アセスメントを実施**する
⑥ケアマネジャーの介護プランを元に『**通所介護計画書**』**を作成**する
⑦利用者の**ケア業務を実施**する
⑧介護計画と実際の介護にずれがないか**モニタリングでチェック**する
⑨モニタリングの結果に応じて『通所介護計画書』を適宜変更する
⑩利用者や家族の相談に随時のる
⑪利用契約終了に関する手続きを行う

※太字になっている部分がサービス改善・向上の主要な機会となります。

サービス改善・向上のスパイラルアップサイクルをつくろう

　利用者にサービスを提供する前記の流れからサービス改善・向上の主要な機会を抜き出してサイクル化したのが次の図です。

アセスメント

DSでアセスメントを担当するのは生活相談員。利用者の困り事を面談や日常のなかから的確に発見しなければなりません。

『介護計画書』の作成

利用者の受けるサービスの質は、ケアマネジャーのケアプランを元にして生活相談員が作成する『介護計画書』の良し悪しにかかっています。

モニタリング

これは介護計画と実際のケア内容にズレが生じているかどうかを検証する作業。必要があれば、再度アセスメントを行なって介護をスパイラルアップさせていきます。

日常的な観察と相談対応

このサイクルを支えるのは管理者・生活相談員による日常的な観察と相談対応。サービス改善・向上のヒントを見つけましょう。

実際のケア業務

実際のケアに参加するかどうかにかかわらず、管理者・生活相談員は『ケース記録』などを通じて、常にケアの実態を把握していなければなりません。

　DSの管理者と生活相談員は、**上記のサイクルの4つのステップと"日常的な観察と相談対応"を常に念頭におきながら、スタッフの協力を得て介護サービスの改善・向上に努める**ようにしましょう。

サービスの向上は利用者の定着と集客力のアップにつながる

　サービスが向上すると、利用者や家族の満足度が向上し、ケアマネジャーによる評価も高まり、"利用者の定着"と"集客力のアップ"が実現します。

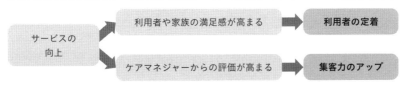

　これにより、**スタッフのモチベーションも高まる**ことになります。

Part 4 — 10 介護スキルを向上させる仕組みをつくる

介護スキルの向上が採算性の向上につながる

> 介護スキルの向上は、地域密着型デイサービス（DS）にとって、重要な課題です。それは、利用者のためにもなり、競争力の強化にもつながります。

介護スキル向上の必要性を認識しよう

　規模が小さい地域密着型 DS は、利用者の要介護度が低い傾向があります。そのため、スタッフが**特別養護老人ホームなどで求められるような高レベルの介護スキルを身につける機会は少ない**のが実情です。言い換えれば、小規模 DS のスタッフはそれほど高いスキルがなくてもやっていけたのです。

　しかし、介護報酬が下がってきていることもあり、要介護度の高い利用者を断っていたのでは、採算的に苦しくなってしまいます。規模の小さい DS は、**スタッフの介護スキルを向上させることを通じて要介護度が高い利用者をより多く受け入れられるようにする必要がある**のです。

地域密着型DSどうしが協力してスキル向上の仕組みをつくろう

　介護スキルを向上させるには、知識を学ぶ研修だけでなく、実技を学ぶ研修が不可欠。実技に関しては、事業所内に経験と知識を備えた上司やスタッフがいれば、OJT（職場内訓練）を行うのが早道です。でも、スキルを的確に伝えられる人材がいない場合は、外部講師による研修を受ける必要があります。ただ、費用と時間をかけてスタッフに研修を受けさせるのは、地域密着型 DS にとって負担が大きいでしょう。この負担を最小限にするには、一部の地域ですでに行われているように、**地域密着型 DS が集まってゆるやかな連携組織をつくり協力し合う**ことです。そうすることで、次のようなことが実現できます。

- 👍 定期的に外部講師を招き、介護スキルを学ぶ研修を実施する
- 👍 介護スキルが高いスタッフが講師となり、"実地訓練"を実施する
- 👍 意欲的に活動しているDSの介護現場を見学に行く
- 👍 むずかしい介護事例の事例検討会を開く
- 👍 自分の事業所では受けられない利用者を他の事業所に紹介する

「介護キャリア段位制度」でスタッフのモチベーションを上げよう

　小さなDSでスタッフに介護スキルの向上を促し、それをキャリアアップにつなげるにはどうすればよいでしょうか？　これに役立つのが、国が実施している**介護キャリア段位制度**（下表を参照）です。レベルは1から7まで設定されていますが、当面レベル5～7の認定は行わないようです。

レベル	わかる（知識）	できる（実践的スキル）
4	介護福祉士試験合格者 ※介護福祉士養成施設卒業者について、国家試験の義務づけ前においては、介護福祉士養成課程の修了者	「基本介護技術の評価」、「利用者視点での評価」、「地域包括ケアシステム＆リーダーシップに関する評価」を実施 ※レベル3または2②の認定者は、「基本介護技術の評価」は不要
3	介護福祉士養成課程または実務者研修の修了者 ※介護職員基礎研修の修了者も可	「基本介護技術の評価」、「利用者視点での評価」を実施
2	介護職員初任者研修の修了者 ※ホームヘルパー2級研修または1級研修の修了者も含む	【レベル2②】「基本介護技術の評価」、「利用者視点での評価の一部（感染症対策・衛生管理など）」を実施
		【レベル2①】「基本介護技術の評価（状況の変化に応じた対応を除く）」を実施 ※介護福祉士養成課程において、レベル2①の評価基準を用いた実習を実施
1		─

※内閣府HPの「介護プロフェッショナルのキャリア段位制度と既存の資格等との整理（案）」から転載。介護キャリア段位制度の詳細については、「**一般社団法人 シルバーサービス振興会**」のホームページを参照。

　介護の専門性が公に認定されれば、スタッフのモチベーションが上がってプロとしての意識が生まれるでしょう。

Part 4
11 スタッフのコミュニケーションスキルを向上させる

良好なコミュニケーションから"いい関係"が生まれる

> デイサービス（DS）では、利用者とのコミュニケーションが良好であれば利用者とスタッフの間に"いい関係"が生まれ、良質の介護が実現できます。

"心地よい"＋"役に立つ"で良好なコミュニケーションを実現しよう

　コミュニケーションとは、一言で言えば「気持ちが通じ合うこと」。良好なコミュニケーションは"心地よい"と"役に立つ"という2つの要素から成り立っています。DSで言えば、昼食にどんなおいしい料理を出しても、犬に餌を与えるような態度で出されたら利用者はスタッフに心を開かないでしょう。また、家族が相談に来たときに、いくら笑顔で親切に対応しても、家族が必要とする情報を十分に提供できなければ失望されてしまいます。
　"心地よい"と"役に立つ"の両方があってはじめて、良好なコミュニケーションが実現し、コミュニケーションの最終目的である"いい関係"が生み出されるのです。

良好なコミュニケーションには"心地よい"と"役に立つ"の両方が必要

- "心地よい"コミュニケーション（言葉以外のボディランゲージも含む）
- 利用者・家族と"いい関係"が生まれる
- "役に立つ"コミュニケーション（適切な情報提供や的確なアドバイス）

利用者との良好なコミュニケーションと"いい関係"を実現するには？

利用者と良好なコミュニケーションをとる目的は、それによって"いい関係"を築き、結果として適切な介護・介助を行うことにあります。DSの利用者には何らかの認知症がある人が多いので、言葉以外でのコミュニケーションも積極的に取り入れましょう。

利用者との良好なコミュニケーションを実現するための工夫	
"心地よい"を実現する工夫の具体例	"役に立つ"を実現する工夫の具体例
笑顔でゆっくり話を聞き、利用者の気持ちを引き立てるような合いの手を入れる。	利用者が聞きたいこと、してほしいことを上手に引き出し、適切に対応する。
トイレの場所がわからない利用者に別の話題を振りながら手をつないで誘導する。	利用者の様子などから排泄のタイミングをうまく察知し、失敗する前にさりげなくトイレに誘導する。
落ちつきのない利用者の横に座り、背中をさするなどして気持ちを落ちつかせ、発話を待つ。	昔話や子どものころの話を聞かせてほしいと頼んで、楽しそうに話に耳を傾ける。

家族との良好なコミュニケーションと"いい関係"を実現するには？

スタッフにとって、利用者の家族とのコミュニケーションも非常に大切です。**利用者の代理人的な立場の家族と"いい関係"が築ければ、介護に役立つ情報を十分入手できるだけでなく、利用者の定着にもつながる**でしょう。

家族との良好なコミュニケーションを実現するための工夫	
"心地よい"を実現する工夫の具体例	"役に立つ"を実現する工夫の具体例
家族と普段からにこやかに接し、必要なときに相談しやすい雰囲気をつくっておく。	家族が連絡帳に書いたことの意図をしっかり汲みとって、満足のいく対応をするよう心がける。
タイミングを見計らって、利用者家族の苦労に共感を示しながらねぎらいの言葉をかける。	家族がどんなサービスを望んでいるかをうまく聞き出し、ニーズに合うサービスを提供する。
利用者がDSで楽しそうにしている様子やがんばっている様子を積極的に伝える。	利用者の様子をしっかり観察し、家でのケアを改善する方法をアドバイスする。

Part 4
12 相談業務を利用者・家族の満足度向上のチャンスにする
満足度が上がれば利用者は定着する

> 利用者・家族からの相談にていねいかつ適切に対応することで満足度を高め、利用者の定着につなげましょう。

利用者の困り事や悩み事を上手に聞き出して受け止めよう

面談の形で利用者の相談にのる際には、以下のことに留意しましょう。

面談形式で利用者の相談にのる場合に留意すべき事柄
・面談で話し始めるまでの利用者の様子を観察する
・基本的に相手の話を遮らずに自由に話してもらう
・共感を示したり相槌を打ったりしながら相手の身になって話を聞く
・話が要領を得ないときは、困り事や悩み事をうまく話せるようアシストする
・話しているときの表情、態度、まなざし、姿勢などを観察して心情を汲みとる
・困り事や悩み事を解決・軽減する意思を示して相談者に安心感を与える

利用者に「しっかり話を聞いてくれた」、「自分の味方になってくれた」、「困り事や悩み事を解決してくれそうだ」と思ってもらえれば、相談は八割方成功と言えます。

家族の困り事や悩み事も上手に聞き出して受け止めよう

面談形式で家族の相談にのる際には、以下のことに留意しましょう。

面談形式で家族の相談にのる場合に留意すべき事柄
・最初に、利用者に関する相談なのか自身（家族）に関する相談なのかを聞く
・基本的に相手の話を遮らずに自由に話してもらう
・共感を示したり相槌を打ったりしながら相手の身になって話を聞く
・表情、態度、まなざし、姿勢などを観察して"介護ストレス"のレベルを探る
・困り事や悩み事を解決・軽減する意思を示して相談者に安心感を与える
・"介護うつ"があるようなら、神経内科などの受診を勧める

利用者に関する相談には的確なアドバイスをし、家族自身の困り事や悩み

事には"介護ストレス"も意識しながら話をよく聞いて解決・軽減方法を探るようにしましょう。

利用者・家族が満足する解決・軽減方法を考えて提案しよう

利用者や家族が抱えている困り事や悩み事が明らかになったら、それを解決・軽減する方法を示さなくてはなりません。そのときに大事なのは、**相談者が満足できる解決・軽減方法を見つけて示す**ことです。

相談者が満足できない解決方法の例	相談者が満足できる解決方法の例
他の利用者（Aさん）からセクシャルハラスメントを受けている	他の利用者（Aさん）からセクシャルハラスメントを受けている
↓	↓
「Aさんにそれとなく注意しておきますから」と返事をした	「食事やレクリエーションのときに座る位置をAさんと離すようにします。それでもダメなら、利用日が一緒にならないよう調整します」と返事をした

上図から、対応しだいで相談者の満足度が大きく変わることがわかると思います。**解決・軽減方法は相談される側にとって都合のよいものではなく、相談する側にとって都合のよいものにしなくてはならない**のです。

相談対応では利用者の定着率アップを意識しよう

下図のように、**相談対応が満足いくものであれば、利用者や家族のDSに対する信頼度が高まり、結果的に利用者の定着率が上がる**ことになります。

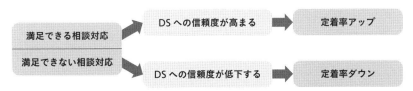

DSの生活相談員は、管理者が兼任している場合は当然ですが、兼任していない場合でも、利用者の定着率向上を意識しながら相談に対応しましょう。

Part 4 - 13

適時・的確な連絡をとることで家族の信頼を得る

連絡のポイントは報告と問合せと了解

> 利用者の家族と連絡（コミュニケーション）を密にとることで、デイサービス（DS）への信頼を高めましょう。

連絡帳を家族とのコミュニケーションツールとして活用しよう

　連絡帳はDSにとって重要なコミュニケーションツールですが、これをうまく活用していないDSも結構あるようです。連絡帳に出来事の報告や事務連絡だけでなく、**利用者について気づいたことやポジティブなコメントを書くようにすれば、家族は喜んでくれる**でしょう。

連絡帳がうまく活用されていない例	連絡帳がうまく活用されている例
<ご利用者様のご様子> 今日は体調がよいらしく、食欲がありレクリエーションも楽しんでおられました。	<ご利用者様のご様子> 今日は体調がよいらしく、食欲がありレクリエーションも楽しんでおられました。昼食時に「粘りのある里芋の煮物が食べたいな。母の味なの」とおっしゃっていました。
<ご家庭から当所への連絡事項> （記載なし）	<ご家庭から当所への連絡事項> 里芋の話は初めて聞いたので、本人に聞きながらつくってみようと思います。そういう話があったら、また教えてください。

　この例のように、ちょっとした気遣いが家族の反応を引き出すのです。

緊急の連絡や重要な連絡には電話や携帯メールを使おう

　緊急時の連絡は電話で行うのが基本です。また、忙しくて連絡帳をよく読まない家族もいるので、**重要な連絡事項については、連絡帳と電話の両方で伝える**ようにしましょう。電話がつながらない場合は、携帯メールを使うのがいいかもしれません。家族への連絡に関する情報欄に、次表のように"固定電話"、"携帯電話"、"携帯メール"、"PCメール"、"ファックス"などの項目を設け、連絡に関する優先順位を聞いて記入しておきましょう。

利用者の家族の連絡先情報	連絡に関する要望の例
固定電話：○○○○○○ 携帯電話：○○○○○○ 携帯メール：○○○○○○ PCメール：○○○○○○ ファックス：○○○○○○	＜緊急時の連絡＞ 　携帯電話⇒固定電話⇒携帯メールの順 ＜緊急以外の重要な情報連絡＞ 　携帯メール⇒固定電話⇒携帯電話の順

報告、問合せ、了解の区別を意識しよう

利用者の家族との連絡では**報告、問合せ、了解を区別する**必要があります。下記の例を参考に、適切なコミュニケーションを図りましょう。

家族との連絡の種類、留意事項、内容の例		
報告	事実と意見を切り分けながらわかりやすく感じよく伝える。	連絡帳：「今日は尿失禁が1回ありました。意識レベルがいつもより低い感じでしたので、ご自宅でも注意してあげてください」
問合せ	トラブル防止の意識をもち、わかりやすく質問して明確な答えを聞く。	電話：「到着後すぐに上側の入れ歯がないのに気づいたのですが、ご自宅にあるでしょうか？」⇒「あったので、昼までに届けます」
了解	家族の了解が必要な場合に"なぜ何をするのか"を明示し、納得したうえで了解してもらう。	電話：「お父様が歩行中に転倒して手首を少し痛められたようです。シップをして様子をみるということでよろしいでしょうか？　頭は打っていません」⇒「そうしてください」

適時・的確な連絡によってDSへの信頼感を高めよう

親などをDSに預けている家族にとって、**適時・的確な連絡はとてもありがたいもの**です。それを続けていけば、DSへの信頼が高まっていきます。下図の手順を参考に、適時・的確な連絡を実現しましょう。

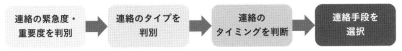

Part 4 - 14

好感情を呼び覚ます魅力のある食事とおやつを提供する

年をとるにつれて食べることの重要性が増していく

> 生きがいや楽しみが減ってきた利用者にとって"食べること"がいかに大切かを理解し、好感情を呼び覚ます魅力のある食事とおやつを提供しましょう。

■利用者にとって食事とおやつは"生きるエネルギーの源"

下図に示すように、DSでの食事とおやつは利用者にとって二重の意味で"生きるエネルギーの源"です。

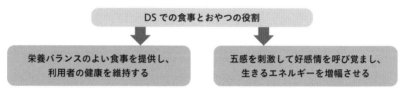

上図左の役割については、詳しく述べる必要はないと思いますが、**DSで栄養バランスのよい食事を提供してくれることは、独居の利用者にとっても同居する家族にとっても、非常にありがたい生活支援**なのです。

上図右の役割は、意識されることが少ないようですが、DSの利用者にとって非常に重要な意味をもちます。利用者は昔から年寄りだったわけではありません。子どものころに友だちと遊び学び、社会に出て働き、子育てをし、旅行や趣味を楽しむなかで、生きるエネルギーをもらってきました。ところが、**年をとって生きがいが減ってくると、食べる楽しみから生きるエネルギーの多くをもらうようになってくる**のです。

■五感をうまく刺激することで好感情を呼び覚まそう

では、利用者が食べる楽しみから生きるエネルギーをよりたくさん得られるようにするには、どうしたらよいでしょう？　**気力という意味での"生きるエネルギー"は食べることで直接生まれるのではなく、食べることで好感**

情が増幅されるプロセスで生じるのです。

五感の刺激では、"味わう"以外にも、湯気が立ち上っている（見る）、鍋物を煮るグツグツいう音が聞こえてくる（聞く）、いい香りが漂っている（嗅ぐ）、しゃきしゃきした歯ごたえがある（触る）、といったことをうまく利用して、利用者の好感情を呼び覚ますようにするとよいでしょう。

シェフランチやおしゃれスイーツといった工夫をしてみよう

利用者の好感情を呼び覚ますには、"非日常感"の演出も効果的。ここで言う非日常感とは、"ワクワク感"のことです。

たとえば、何ヵ月かに1回、シェフランチ（ボックス）の日やおしゃれスイーツの日を設けてみてはどうでしょう？ 近隣のレストランやスイーツ店のオーナーに協力してもらえれば、リーズナブルな値段で見た目が美しくおいしいランチやスイーツを利用者に楽しんでもらうことも可能です。シェフランチ（ボックス）をお出かけレクリエーションと組み合わせてピクニックランチにするのもいいかもしれません。

このほかにも、下表のように、食事やおやつに非日常感をもたせる工夫はいろいろ考えられます。こうしたランチイベントを成功させるコツは、管理者やスタッフが利用者と一緒に楽しめる企画を立てることです。

非日常感を演出する食事やおやつの例
・近隣のレストランに協力してもらうシェフランチ（ボックス）の日
・好きなものを選べるビュッフェランチの日
・好きなものを注文する出前ランチの日
・みんなでお出かけする外食ランチの日
・近隣のスイーツ店に協力してもらうおしゃれスイーツの日
・講師を招いて楽しむスイーツづくりの日

Part 4
15 利用者に喜ばれるレクリエーションを企画して提供する

身体と心を刺激することで"生きるエネルギー"を増幅

> レクリエーションには、"楽しんでもらう"以外に"生きるエネルギーを増幅させる"という目的があることを意識して、効果的な企画を立てましょう。

■ レクリエーションの大切さを利用者の身になって考えよう

小・中学生のときに「組体操が嫌だから今日は学校に行きたくない」とか「今日はフォークダンスがあるから少し熱があっても行きたい」と思ったことはないでしょうか？ 家から出る機会が少なくなり楽しみが減ってきた利用者にとって、デイサービス（DS）でのレクリエーション（レク）は、小・中学生のときのレクよりも大きな意味をもっているのです。

レクは、利用者の反応を見ながら、利用者に喜ばれるものになるように、下図に示すプロセスを参考に改良していきましょう。

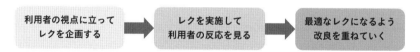

"利用者の反応を見る"ときは、**レクに参加している利用者の反応だけでなく、参加していない利用者の不参加の理由を探ることも大事**です。

■ レクリエーションの種類と役割を理解しよう

DSでのレクは下図のように分類・整理できるでしょう。

利用者の性格や介護度などを踏まえ、"楽しさ"と"リハビリ効果"を秤にかけながらバランスよく組み合わせるのがよいでしょう。

身体を刺激することで"生きるエネルギー"を増幅させよう

参加型の運動系レクには、身体を動かすことで血流を増やして首・肩・背中・腰のコリをほぐしたり、手足を動かしやすくしたりする効果があります。「元気な心は元気な体から」という言葉があるように、**心を元気にして"生きるエネルギー"を増やすには、まず身体を活性化する必要がある**のです。

音楽系やゲーム・クイズ系のレクにも、身体を刺激して血流を増やす効果があります。**音楽系では"大きい声を出す"ことが、ゲーム・クイズ系では"夢中になって興奮する"ことが、血流の増加につながる**からです。

心(脳)を刺激することで"生きるエネルギー"を増幅させよう

心すなわち脳に刺激を与える効果が高いレクは、脳トレ体操と脳トレゲームです。身体が元気でも脳の血流が足りず十分機能していない（心が元気でない）と、"生きるエネルギー"が湧いてきません。

脳に適切な刺激を与えることで頭の働きをよくするメカニズムが医学的に解明されてきているので、いろいろある"脳トレ体操"や"脳トレゲーム"のなかから、**医学的な根拠があり、効果が認められているものを選んで実施する**ことが大事です。また、体操やゲームをそのまま利用するのではなく、自分のDSの利用者に合うように調整・改良することも必要です。

Part 4 — 16

利用者に"生きがい"をもってもらう

「人のため？」「お金のため？」といった目的が必要

> 年をとって認知症の症状が出てきたとしても、人は日々をただ無為に過ごすことには抵抗を感じます。晩年にも"生きがい"が必要なのです。

"生きがい"があれば"生きているという実感"が得られる

　人間には、いくつになっても"生きているという実感"が必要です。むしろ、残された時間が少なくなった晩年には、その実感がより必要なのかもしれません。そして、生きているという実感を得るには、"生きがい"が不可欠です。

　高齢者がデイサービス（DS）に行きたがらない理由の1つは、「もう年寄りなのだから、ここでおとなしくしていなさい」と言われているような気がするから。認知症があったとしても、**役に立たない年寄りと見なされて無為な時間を過ごすのは苦痛**なのです。

　DSで過ごすなかで、生きているという実感を得られるよう手助けすること、それは地域密着型DSが得意とするところのはずです。**やりがいのある自分らしい活動ができれば、利用者は自宅にいるよりDSに行ったほうが楽しいと感じるようになる**でしょう。

"できていたこと"を再開することで"生きがい"を感じてもらう

　年をとってつらいのは、普通にできていたことができなくなってしまうことです。でも、自宅ではもうできなくなったことも、DSで**スタッフの助けを借りればまたできるようになる**可能性があります。特に身体を使って長年やってきたことは、認知症の人でも意外に覚えているもの。"**得意だったこと**"や"**趣味として楽しんできたこと**"を再開すれば、やりがいを感じ、それが"生きがい"につながり、"生きているという実感"が生まれてくるのです。

```
┌─────────────────────────────────────┐
│ 得意だったこと・趣味として楽しんできたことを再開する │
└─────────────────────────────────────┘
    ↓         ↓            ↓
 やりがいを感じる → 生きがいを感じる → 生きているという実感が生まれる
```

　自分だけが楽しむのではなく、それによって人に喜んでもらうことができれば、もっとやりがいを感じるようになります。どんなことにやりがいを感じるのかは、人それぞれ。スタッフは個々の利用者の今までの生活や価値観をよく見極めて、やりがいを見つける手助けをしましょう。

利用者に"生きがい"を感じてもらう活動や作業の例
・うどん打ち、饅頭づくり、漬物づくり、などで料理の腕を披露する
・畑仕事、花の手入れ、庭木の剪定、などで農・園芸の腕を披露する
・楽器演奏、昔話、踊り、などで芸能の技を披露する
・日曜大工、裁縫、刺繍、などで手工芸の技を披露する

お金を稼ぐ喜びは人をイキイキとさせる

　上表に示した例は、利用者自身も楽しみつつ人のためにもなる、いわば純粋な遊び、またはボランティアです。ここで少し別の生きがいを考えてみましょう。それは、"お金をもらって働くこと"。たとえ対価が少なくても、**DSに来て少しでもお金が稼げたらうれしいと思う人もいるはず**です。もちろん、そうした仕事は希望する利用者だけを対象としますが、徳島県のお年寄りによる「葉っぱビジネス」のように、**お金を稼ぐことは年をとっても大きな張り合いになる**でしょう。

　ただし、DSのなかで利用者に有償の仕事を提供することは、マージンをとらなくても介護保険法や労働基準法などに抵触する恐れがあるので、まずは関係する役所に相談してください。利用者の希望も聞きながら、自分たちのDSならではの"仕事"を企画してみてはどうでしょう。

地域密着型DSでできる可能性がある仕事の例
・畑で野菜や花をつくってバザーや特設売店などで販売する
・味噌や干し柿などをつくってバザーや特設売店などで販売する
・簡単で実用的な手芸品をつくってバザーや特設売店などで販売する
・業者から袋詰めなどの簡単な仕事を受注して「内職」を行う

Column 3

学ぶ姿勢とチャレンジ精神があれば、道は開けていく！

　これまでのやり方をただ踏襲するだけでは、事業をとり巻く環境が目まぐるしく変化するなかで、地域密着型デイサービス（DS）が生き残っていくことはできません。そうならないためには、いろいろなことに目を向けて積極的に学び、変化に対応するために新たな取組みを始める必要があります。

　ある程度の年齢になると、学ぶことが億劫になってきますが、「習うは一生」──。実のところ、学ぶことに目覚め、学ぶことが本当に必要だと身をもって感じるのは、"ある程度の年齢"になってから。人間には死ぬまで学ぶことがあるのです。

　ただし、知らなかったことを闇雲に学び続ければいいというものではありません。学んだことを消化・吸収して自分の仕事に生かす必要があります。また、地域密着型 DS の経営者や管理者が環境の変化に適切に対応するには、学んだことを仕事に生かすだけでなく、その結果に基づいて新たな取組みをしていかなくてはなりません。それには、「進取の気性」が不可欠。この言葉は、「従来の習わしに囚われずに、積極的に新しいことに取り組んでいく姿勢（気質や性格）」を意味します。チャレンジ精神は若者だけの特権ではありません。若い人と違うのは、そのチャレンジが気分に左右されるのではなく、学びと経験知によって裏づけされていること。

　"Keep something for a rainy day.（備えあれば憂いなし）"。起こり得るマイナスの変化に備えて、しっかり準備しておきましょう。

Part 5

地域密着型デイサービスの経営・運営に役立つキーワード20

　規模の小さいデイサービス（DS）の多くは、専門的なノウハウを活用して効率的かつ効果的に経営・運営を行なってきたわけでも、地域での介護・医療・福祉の連携について幅広い情報を入手・活用してきたわけでもありません。DSを始めたのが経営や事業運営の専門家ではない場合がほとんどなので、これはある意味仕方のないことなのでしょう。しかし、それでやっていける時代は終わり本格的な競争の時代に入っている今、地域密着型DSの経営者や管理者は、効率的で効果的な経営・運営を実現するために積極的に情報を収集して活用していく必要があるのです。

　このPartでは、その手助けとなる20のキーワードをとり上げて解説します。1〜12のキーワードは地域での介護・医療・福祉の連携にかかわるもの、13〜20は経営・事業戦略と運営方策に関係するものです。

　なお、解説や参考資料は地域密着型DSを意識した内容になっているので、Part1〜4を読むときの参考に、また介護業界について知るための手引きとして利用してください。

Part 5 01 KEYWORD
地域密着型サービス

> 高齢者が要介護状態になったときに住み慣れた地域で生活を継続できるように創設された介護サービスで、事業の認可・監督は市町村が行います。このサービスを受けられるのは、原則、その市町村に居住する人です。

地域密着型サービスの種類と概要

現行の地域密着型サービスの種類とサービス概要は下表のとおりです。

種類	サービスの概要
小規模多機能型居宅介護 （介護予防小規模多機能型居宅介護）	1つの拠点で、訪問・通所・短期入所の全サービスを提供
認知症対応型通所介護 （介護予防認知症対応型通所介護）	通所介護施設で、通ってきた認知症患者に、生活介助、リハビリ、レクリエーションなどを提供
認知症対応型共同生活介護 （介護予防認知症対応型共同生活介護）	グループホームで、見守り、生活介助、リハビリ、レクリエーションなどを提供
地域密着型特定施設入居者生活介護	利用人数29人以下のケアハウスなどで、見守り、生活介助、リハビリ、レクリエーションなどを提供
地域密着型介護老人福祉施設入所者生活介護	利用人数29人以下の特別養護老人ホームで、生活介助、リハビリ、レクリエーションなどを提供
夜間対応型訪問介護	夜間の定期的な訪問や緊急時の随時訪問により、介護サービスを提供
定期巡回・随時対応型訪問介護看護	日中・夜間の複数回の定期訪問と緊急時の随時訪問により、介護と看護を一体で提供
地域密着型通所介護	**利用定員18人以下の通所介護事業所で、生活介助、リハビリ、レクリエーションなどを提供**

Part 5
KEYWORD 02 地域密着型サービス運営委員会

> この委員会は、市町村が管轄する地域密着型サービスに関して、事業者の指定基準、指定の可否、事業所の適正な運営、介護サービスの質の維持などについて話し合い、自治体の長に意見を述べる機関です。

運営委員会の設置について厚生労働省が出している指針

厚生労働省から、下記の指針が市町村宛てに出されています。

1　運営委員会について
　（前略）運営委員会は、原則として市町村（保険者としての市町村をいう。以下同じ。）ごとに設置することとするが、日常生活圏ごとなど、必要に応じて運営委員会の分科会を設置することも差し支えない。

2　運営委員会の構成員
　運営委員会の構成員については、地域の実情に応じて市町村長が選定する。
　（メンバー例）
　①介護保険の被保険者（1号および2号）
　②介護サービスおよび介護予防サービスの利用者
　③介護サービスおよび介護予防サービスの事業者
　④地域における保健・医療・福祉関係者
　⑤学識経験者　等

3　運営委員会の役割
　運営委員会は、①地域密着型サービスの指定を行い、または行わないこととしようとするとき、②市町村において地域密着型サービスの指定基準および介護報酬を設定しようとするときに、市町村長に意見を述べるほか、③地域密着型サービスの質の確保、運営評価その他市町村長が地域密着型サービスの適正な運営を確保する観点から必要であると判断した事項について、協議する。

4　事務局
　運営委員会の事務局は、市町村の介護保険担当部署に置く。

5　その他運営委員会の設置に当たっては、条例を制定する必要はない。

Part 5 03

KEYWORD

介護予防・日常生活支援総合事業（通称「総合事業」）

これは、要支援者とチェックリストでサービス対象者と判定された人に、市町村が独自の介護予防・生活支援サービスや一般介護予防サービスを提供する事業です。要支援者に対する従来のサービスも存続しています。

介護予防・日常生活支援総合事業の内容

介護予防・日常生活支援総合事業

○介護予防・生活支援サービス事業
・訪問型サービス
・**通所型サービス**
・生活支援サービス

○一般介護予防事業（全高齢者が利用可）
・介護予防普及啓発事業
・地域介護予防活動支援事業
・地域リハビリテーション活動支援事業 など

介護予防・日常生活支援総合事業でデイサービス（DS）に関係する部分

下図は、厚生労働省「介護予防・日常生活支援総合事業の基本的な考え方」から通所型サービスの部分を抜粋したものです。通所型サービスは、申請して許可されれば、DS事業者以外の事業者でも提供することができます。

②通所型サービス　※市町村はこの例を踏まえて、地域の実情に応じた、サービス内容を検討する。
○通所型サービスは、現行の通所介護に相当するものと、それ以外の多様なサービスからなる。
○多様なサービスについては、雇用労働者が行う緩和した基準によるサービスと、住民主体による支援、保健・医療の専門職により短期集中で行うサービスを想定。

基準	現行の通所介護相当	多様なサービス		
サービス種別	①通所介護	②通所型サービスA（緩和した基準によるサービス）	③通所型サービスB（住民主体による支援）	④通所型サービスC（短期集中予防サービス）
サービス内容	通所介護と同様のサービス　生活機能の向上のための機能訓練	ミニデイサービス　運動・レクリエーション等	体操、運動等の活動など、自主的な通いの場	生活機能を改善するための運動器の機能向上や栄養改善等のプログラム
対象者とサービス提供の考え方	○既にサービスを利用しており、サービスの利用の継続が必要なケース　○「多様なサービス」の利用が難しいケース　○集中的に生活機能の向上のトレーニングを行うことで改善・維持が見込まれるケース　※状態等を踏まえながら、多様なサービスの利用を促進していくことが重要。	○状態等を踏まえながら、住民主体による支援等「多様なサービス」の利用を促進		ADLやIADLの改善に向けた支援が必要なケース等　※3〜6ヵ月の短期間で実施
実施方法	事業者指定	事業者指定／委託	補助（助成）	直接実施／委託
基準	予防給付の基準を基本	人員等を緩和した基準	個人情報の保護等の最低限の基準	内容に応じた独自の基準
サービス提供者（例）	通所介護事業者の従事者	主に雇用労働者＋ボランティア	ボランティア主体	保健・医療の専門職（市町村）

04 地域ケア会議

KEYWORD

Part 5 / 地域密着型デイサービスの経営・運営に役立つキーワード20

> この会議は、地域ごとに適切な包括ケアを実現するために、地域資源(専門的な人材や組織・施設・機器など)をどのように活用していくべきかについて、課題を明らかにして解決手段を導き出すためのものです。

地域ケア会議の概要

下記は、厚生労働省の『地域ケア会議について』からの抜粋です。

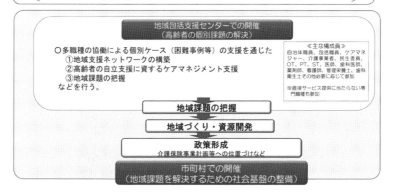

地域ケア会議について

地域ケア会議は、高齢者個人に対する支援の充実と、それを支える社会基盤の整備とを同時に進めていく、地域包括ケアシステムの実現に向けた手法。
具体的には、地域包括支援センター等が主催し、
- 医療、介護等の多職種が協働して高齢者の個別課題の解決を図るとともに、介護支援専門員の自立支援に資するケアマネジメントの実践力を高める。
- 個別ケースの課題分析等を積み重ねることにより、地域に共通した課題を明確化する。
- 共有された地域課題の解決に必要な資源開発や地域づくり、さらには介護保険事業計画への反映などの政策形成につなげる。

地域ケア会議の開催によって得られる効果

地域ケア会議には、「個人で解決できない課題を多職種が協力することで解決できる」、「課題の共有や解決ノウハウの蓄積を通じて地域づくり・資源開発、政策形成などが促進される」、「それらの取組みによって個人への支援が充実していく」という効果が期待されています。

Part 5 - 05

KEYWORD

認知症ケアパス

> これは、認知症の人と家族が地域社会のなかで一般の人たちと変わらない生活を営むことができるように、医療・介護・福祉の関係者が協力し合うための地域連携のロードマップ（道筋）のことです。

厚生労働省が公表している認知症ケアパスの概念図モデル

各地域で実際の認知症ケアパスを作成するためのモデル図として厚生労働省が公表している「標準的なケアパスの概念図」を示します。

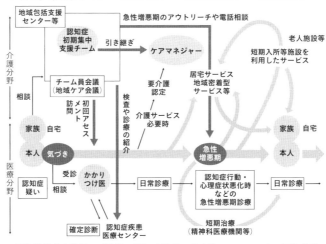

※厚生労働省老健局の『今後の認知症施策の方向性について』内の図を参考に作成。

認知症ケアパスにおける地域密着型サービスの役割

上図にも示されているように、地域密着型サービスは認知症ケアパスにおいて重要な役割を担うことになります。そして、地域密着型デイサービスも、認知症のある利用者のケアをするなかで、事業所外の各種の機関や専門職と積極的に連携することが求められています。

Part 5　KEYWORD 06

認知症地域連携パス（オレンジ手帳）

> このパス（手帳）は、認知症の人、その家族、医療関係者、介護関係者、福祉関係者が認知症の人の医療・介護・福祉に関する情報を共有し、必要に応じて最適なサポートができるようにするための情報共有ツールです。

認知症ケアパスで「オレンジ手帳」が果たす役割

全国の市町村は、独自の認知症ケアパスを作成して活用し始めています。その動きのなかで、認知症ケアパスを効果的に機能させるツールとして考え出され、使われ始めているのが「認知症地域連携パス（オレンジ手帳）」です。

「オレンジ手帳」の概要

参考までに、公益社団法人 日本精神病院協会が作成している「オレンジ手帳」の使用方法に関する部分を示します。

```
オレンジ手帳の使用方法について

～ご本人・ご家族の方へ～

 オレンジ手帳は認知症の人のための「認知症地域連携パス」です。
地域連携パスは認知症の人が在宅などのなれた環境で、できる限り長く過ごせるように、ご本人とご家族を中心にして、医療機関、ケアマネジャー（ケアマネ）、介護サービス事業所、行政機関等が情報を共有し、認知症の人への対応を効果的に行うことを一つの目的としています。
 もう一つ大きな目的は、ご家族が困った時に医師、ケアマネ、事業所などに気軽に相談し、対応方法等のアドバイスをもらえるようにするということです。

 そのために、ご家族の方に「お願い」があります。
①医療機関を受診の際にはオレンジ手帳を必ずお持ちください。
　そして、主治医にお見せください。（赤色とオレンジ色のページ）
　お薬手帳と同じ大きさですので、一緒に持ち歩くと便利です。
②また、ケアマネや介護事業者の担当の方にも見せてください。
　必要箇所に記入をしてもらってください。（黄色と緑色のページ）
③ご本人の認知症のことで、何か困ったことや相談したいことがある時にはこの手帳の連絡帳を使って、遠慮なく医師やケアマネなどに意見を求めてください。
　また、ご本人の状況を定期的に御記入ください（桃色のページ）

 ご家族にはこのオレンジ手帳を使用していただき、医療機関、ケアマネ、介護事業所、行政機関等との「橋渡し役」をお願いすることになります。
 その結果、この手帳が効果を発揮し、より良い医療、介護、福祉が認知症の人に提供できますことを心より願っております。
```

この手帳は次のような内容になっています。
　地域連携同意書・【基本】 …… P2～4（青色）
　【わたしのプロフィール】 ………… P5（桃色）
　【家族からみた本人の状態】 …… P6・7（桃色）
　【現在の状態像】 ……………… P8・9（黄色）
　【検査と症状の経過】 ………… P10・11（橙色）
　【現在治療中の合併症と治療薬】‥P12・13（赤色）
　【要介護状態区分等】
　　 ……………………………… P14（緑色）
　【メモ用紙】
　【連絡・相談・質問帳】

各ページに誰が記入するのか、色別で明示してあります

- 青　青色＝本人・家族・各関係機関用
- 桃　桃色＝本人・家族用
- 黄　黄色＝主な介護者、医療・介護機関の介護担当
- 橙　橙色＝専門医療機関用
- 赤　赤色＝医療機関用（かかりつけ医、専門医療機関）
- 緑　緑色＝介護支援専門員（ケアマネジャー）用

詳しくは、日本精神病院協会のホームページを参照してください。

Part 5 - 07

KEYWORD

MCI（軽度認知障害）と認知症

> 「臨床認知症評価尺度」（正常：0、疑いあり：0.5、軽度：1、中等度：2、重度：3の5段階評価）の「疑いあり：0.5」に該当するのがMCI（軽度認知障害）であり、軽度、中等度、重度に該当するのが認知症です。

MCI（軽度認知障害）とは

認知症とは言えないけれど認知機能に軽度の障害がある状態を指します。次の5つのチェック項目がすべて当てはまる場合に、MCIと判断されます。

- 本人や家族から記憶障害の訴えがある
- 年齢や教育レベルだけでは説明できない記憶障害がある
- 記憶障害以外の認知機能はほぼ正常である
- 日常生活に問題はない
- 認知症ではない

認知症とは

「さまざまな原因で脳の細胞が死ぬか働きが悪くなることによって、記憶・判断力の障害などが起こり、意識障害はないが社会生活や対人関係に支障が出ている状態（およそ6ヵ月以上継続）」が一般的な定義です。

参考までに、認知症のタイプと概要を示します。

- **アルツハイマー型認知症**：認知症全体の50％以上を占める。遺伝、環境、生活習慣などが原因で記憶を司る海馬や脳全体が萎縮することで起こる。
- **レビー小体型認知症**：認知症全体の約20％を占める。脳にレビー小体という異常なたんぱく質が溜まり、脳が萎縮することで起こる。
- **脳血管性認知症**：認知症全体の約20％を占める。脳出血や脳梗塞などにより神経細胞が栄養・酸素不足となって壊死することで起こる。
- **前頭側頭型認知症**：認知症全体の数％を占める。はっきりした原因は不明。
- **その他の認知症**：パーキンソン病、脳腫瘍、頭部外傷、正常圧水頭症、アルコールの長期・大量飲用、HIV感染などが原因で起こる認知症。

Part 5 — 08 要支援・要介護認定の流れと認定基準

KEYWORD　地域密着型デイサービスの経営・運営に役立つキーワード20

> 市町村の窓口で要介護認定（要支援認定を含む）の申請をすると、調査員（市町村の職員など）が自宅を訪問して聞きとり調査（認定調査）を行い、市町村からの依頼によりかかりつけ医が意見書（主治医意見書）を作成します。

申請から判定までの流れ

市町村が実施する要介護認定の基本的な流れは以下のとおりです。

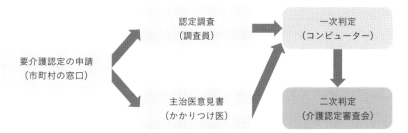

要支援・要介護の認定基準

下記は、厚生労働省が示している要介護認定等基準時間（要支援者または要介護者の介護に要する1日の時間数）の分類です。

要介護認定等基準時間の分類	
直接生活介助	入浴、排せつ、食事等の介護
間接生活介助	洗濯、掃除等の家事援助等
問題行動関連行為	徘徊に対する探索、不潔な行為に対する後始末等
機能訓練関連行為	歩行訓練、日常生活訓練等の機能訓練
医療関連行為	輸液の管理、褥瘡の処置等の診療の補助
要支援	上記5分野の基準時間が25分以上32分未満またはこれに相当する状態
要介護1	上記5分野の基準時間が32分以上50分未満またはこれに相当する状態
要介護2	上記5分野の基準時間が50分以上70分未満またはこれに相当する状態
要介護3	上記5分野の基準時間が70分以上90分未満またはこれに相当する状態
要介護4	上記5分野の基準時間が90分以上110分未満またはこれに相当する状態
要介護5	上記5分野の基準時間が110分以上またはこれに相当する状態

※厚生労働省「介護保険制度における要介護認定の仕組み」を元に作成。

Part 5 - 09

KEYWORD

日常生活自立度判定基準（認知症高齢者用）

これは、厚生労働省が要介護認定に関して医師向けに作成・公表した認知症高齢者の日常生活における自立度を判定するための基準です。ランクは軽いほうからⅠ、Ⅱa、Ⅱb、Ⅲa、Ⅲb、Ⅳ、Mの7段階です。

認知症高齢者の「日常生活自立度判定基準」

ランク	判断基準	見られる症状・行動の例
Ⅰ	何らかの認知症を有するが、日常生活は家庭内および社会的にほぼ自立している。	（記載なし）
Ⅱ	日常生活に支障をきたすような症状・行動や意思疎通の困難さが多少見られても、誰かが注意していれば自立できる。	
Ⅱa	家庭外で上記Ⅱの状態が見られる。	たびたび道に迷うとか、買物や事務、金銭管理などそれまでできたことにミスが目立つ等
Ⅱb	家庭内でも上記Ⅱの状態が見られる。	服薬管理ができない、電話の応対や訪問者との対応など一人で留守番ができない等
Ⅲ	日常生活に支障をきたすような症状・行動や意思疎通の困難さが見られ、介護を必要とする。	
Ⅲa	日中を中心として上記Ⅲの状態が見られる。	着替え、食事、排便、排尿が上手にできない、時間がかかる。やたらに物を口に入れる、物を拾い集める、徘徊、失禁、大声、奇声をあげる、火の不始末、不潔行為、性的異常行為等
Ⅲb	夜間を中心として上記Ⅲの状態が見られる。	ランクⅢaに同じ
Ⅳ	日常生活に支障をきたすような症状・行動や意思疎通の困難さが頻繁に見られ、常に介護を必要とする。	ランクⅢに同じ
M	著しい精神症状や周辺症状あるいは重篤な身体疾患が見られ、専門医療を必要とする。	せん妄、妄想、興奮、自傷・他害などの精神症状や精神症状に起因する問題行動が継続する状態等

※厚生労働省「平成18年1月18日 老老発第0119001号」から抜粋・転載。

Part 5 KEYWORD 10

主治医意見書

> この意見書は、介護保険法の規定に基づき、要介護認定の申請者に主治医がいる場合に主治医がその意見を記入するためのものであり、意見書の様式は全国で一律のものを使用することになっています。

主治医意見書の内容項目

　厚生労働省が公表している「主治医意見書」の内容項目は下記のとおりです。主治医意見書は要介護認定の一次審査（コンピューターによる審査）と二次審査（介護認定審査会による審査）で利用されます。

1. 傷病に関する意見
（1）診断名および発症年月日
（2）症状としての安定性
（3）生活機能低下の直接の原因となっている傷病または特定疾病の経過および投薬内容を含む治療内容
2. 特別な医療（過去14日間以内に受けた医療）
3. 心身の状態に関する意見
（1）日常生活の自立度等について
（2）認知症の中核症状
（3）認知症の周辺症状
（4）その他の精神・神経症状
（5）身体の状態
4. 生活機能とサービスに関する意見
（1）移動
（2）栄養・食生活
（3）現在あるかまたは今後発生の可能性の高い状態とその対処方針
（4）サービス利用による生活機能の維持・改善の見通し
（5）医学的管理の必要性
（6）サービス提供時における医学的観点からの留意事項
（7）感染症の有無（有の場合は具体的に記入して下さい）
5. 特記すべき事項

Part 5　11　運営推進会議

KEYWORD

> この会議は、地域密着型デイサービス（DS）が活動状況を報告し、委員から意見や要望を聞いて事業運営に反映させていくことで、地域に開かれた事業所運営の実現やサービスレベルの向上を図るためのものです。

運営推進会議の概要

　下表は、厚生労働省や都道府県などの資料から、地域密着型 DS に設置が義務づけられている運営推進会議の概要をまとめたものです。

○会議の設置
各事業所が自ら設置
○開催の目的
事業所側が活動状況を報告し、委員からさまざまな意見や要望を聞いて事業運営に反映させていくことで、地域に開かれた事業所運営の実現やサービスレベルの向上を図ること
○会議で報告すべき事柄
「利用者数、平均年齢、平均要介護度」、「日常のサービス提供状況」、「イベント等（敬老行事、クリスマス会など）の開催状況」、「事故やヒヤリハットの件数、発生状況と改善策」、「クレーム対応の取組み（クレームの内容、対応、再発防止策）」、「利用者の健康管理の取組み（熱中症、脱水症、感染症の予防・防止策）」、「防災の取組み（消防計画や災害時対策、避難訓練の実施状況など）」、「地域連携（地域の祭りや避難訓練への相互参加など）の取組み」など
○開催の頻度
おおむね 6 ヵ月に 1 回
○会議の構成メンバー（委員）
「利用者」、「利用者家族」、「地域住民の代表者（町内会役員、民生委員、保健師 等）」、「市町村の職員または地区の地域包括支援センター職員」、「地域密着型サービスに知見を有する者（社会福祉協議会の職員、教育関係者、医師、弁護士、司法書士、税理士 等）」など
○会議内容の記録と報告
事業者が内容を記録し、報告書を事業所・管轄市町村の HP などで公表

Part 5 KEYWORD 12 認知症カフェ（オレンジカフェ）

地域密着型デイサービスの経営・運営に役立つキーワード20

> 日本の認知症カフェは、オランダのアルツハイマーカフェやイギリスのディメンシア（認知症）カフェを参考につくられたもので、MCIや認知症初期の人の憩いと相談の場です。認知症カフェを開催するデイサービスもあります。

認知症カフェはどんな場所か？

認知症初期や MCI の人が楽しんだり相談したりできる場所
・もの忘れがひどくなってきた人が安心して立ち寄れるカフェ
いつも行く娘の家がわからなくなったり、慣れている銀行の ATM で振込み操作がわからなくなったりして不安を感じている人が気楽に立ち寄れる場所
・不安な思いを受け止めてもらえる場所
認知症初期や MCI の人、そしてその家族の不安でたまらないけれどやり場のない気持ちを受け止めてくれる場所
・認知機能の低下にかかわる不安や悩みを打ち明けることができる場所
気軽にお茶を飲みお菓子を食べながら、ごく自然に認知機能の低下にかかわる不安や悩みを打ち明けることができる場所

どんな人が認知症カフェに行けばよいか？

認知症カフェはこんな人たちのための場所
・もの忘れ外来で認知症初期と診断されて以来、人とつき合うことがほとんどなくなった
・もの忘れが心配で役所に相談に行ったら、とにかく要介護認定を受けてくださいの一点張りで、なんだか気落ちしてそのままになっている
・もの忘れは自覚しているが、それ以外は普通だと思っているので、デイサービスなどには行きたくない
・一人で外出するのが怖くなり、めったに家から出ない生活を送っている
・夫婦二人暮らしのなか、もの忘れがひどい妻がいつもイライラしている

Part 5 13 KEYWORD 経営・事業戦略とSWOT分析

> 非営利団体が経営する場合を除けば、地域密着型デイサービス（DS）は営利事業であり、事業の経営にはしっかりした経営・事業戦略が必要です。SWOT分析は、経営・事業戦略を立てるときに有効な分析ツールです。

経営戦略＆事業戦略とは

　一般企業では、下図に示すような理念・方針・経営戦略（全体）・事業戦略（事業ごと）に基づいて経営・事業運営が行われていきます。経営理念と経営ビジョン（方針）は基本的に変わらないものですが、経営戦略と事業戦略は、状況の変化に応じて変えていかなければなりません。

SWOT分析とは

　SWOTとは、企業の強み（Strength）、弱み（Weakness）、機会（Opportunity）、脅威（Threat）の頭文字をとった経営・事業分析手法のことです。

分析ファクター	説明	区別
強み（Strength）	経営資源のなかで競争相手より勝っているもの	内部環境（自社がコントロールできる要素）
弱み（Weakness）	経営資源のなかで競争相手より劣っているもの	
機会（Opportunity）	業績拡大につながる可能性のある外部環境の変化	外部環境（自社ではコントロールできない要素）
脅威（Threat）	業績悪化につながる恐れのある外部環境の変化	

Part 5 KEYWORD 14

地域密着型デイサービスの経営・運営に役立つキーワード20

収支計画と損益分岐点

> 収支計画とは、次年度の収入と支出を予測して立てる数値的な計画のことです。これが黒字でないと経営が長続きしないので、収入と支出が均衡する損益分岐点を見極めて黒字の計画を立てる必要があります。

地域密着型デイサービス（DS）の収支計画に入れるべき項目

地域密着型DSの「収入」に入れるべき項目は「介護報酬」、「食費・おやつ代」などであり、「支出」に入れるべき項目は「人件費」、「福利厚生費」、「運営経費」、「借地料・家賃」、「減価償却費」などです。

損益分岐点の概要

一般企業の事業収支に関しては、「固定費用」、「変動費用」、「売上高」という3つの要素から損益分岐点が導き出されます。「固定費用」と「変動費用」を足した「総費用」が「売上高」と均衡する点が損益分岐点になります。

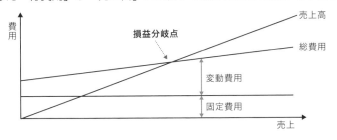

地域密着型DSの収支計画を立てる場合は、「総費用」を「支出」に、「売上高」を「収入」に置き換えて月次の均衡点を見つけてから、年度の収支計画を立てる必要があります。その際に重要な指標となるのが、「平均介護度」と「平均利用人数」です。たとえば、「平均介護度が2.5なら平均利用人数が6.5人で収支が均衡し、平均介護度が2.0なら平均利用人数が7.4人で均衡する」といった目安を見つけることができれば、収支計画の精度が上がります。

Part 5　15　KEYWORD
PDCA（計画・実行・チェック・改善）サイクル

これは、企業の各種の業務を、Plan（計画）、Do（実行）、Check（チェック）、Action（改善）という4つのステップに分けて実施し、改善しながら繰り返していく成長・発展型の業務サイクルです。

PDCAサイクルのイメージ図

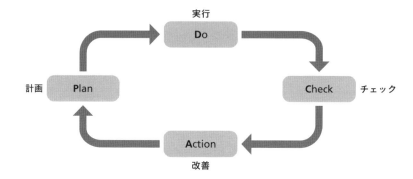

地域密着型デイサービス（DS）でのPDCAサイクル

PDCAサイクルを地域密着型DSの業務プロセスに当てはめると、下図のようになります。

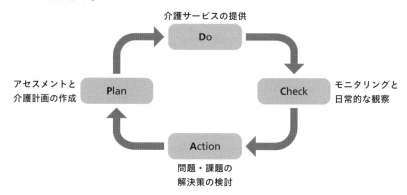

Part 5　KEYWORD 16

地域密着型デイサービスの経営・運営に役立つキーワード20

CS（顧客満足）と CRM（顧客関係性マネジメント）

CSは顧客のニーズに合うサービスを提供することで顧客の満足度を高める手法であり、CRMはCSを実践しながら良質なコミュニケーションを継続的にとることで顧客と"いい関係"を築き維持していく手法です。

CS（顧客満足）

CSはCustomer Satisfactionの略で、"顧客満足"を表します。顧客が自社の製品やサービスにどの程度満足しているかを数値化して把握することで、売上増につなげようという米国発の手法です。1990年代に多くの日本企業が導入しましたが、顧客の満足度を上げるために過度なサービス競争を展開することでかえって利益率が低下するケースもありました。

CRM（顧客関係性マネジメント）

CRMはCustomer Relationship Managementの略で、通常は「顧客関係性マネジメント」と訳されますが、実際の意味は「顧客と"いい関係"を築いて維持すること」です。CRM手法を実践するサイクル図を示します。

この手法は、一人ひとりの利用者（顧客）を大事にすることを基本としているため、地域密着型デイサービスに最適な手法です。

Part 5 KEYWORD 17

ES（従業員満足）と ERM（従業員関係性マネジメント）

ESは待遇面や福利厚生などで従業員の満足度を高める手法であり、ERMは経営陣が従業員と良質なコミュニケーションをとることで"いい関係"を築き維持していく手法です。

ES（従業員満足）

ESはEmployee Satisfactionの略で、"従業員満足"を意味します。「従業員の満足度が低い企業がいくらCS（顧客満足）を実践しようとしてもうまくいくはずがない」という考えから生まれた手法です。従業員の待遇や福利厚生の改善を通じてモチベーションを高めることで、CSの成功と生産性の向上を実現します。

ERM（従業員関係性マネジメント）

ERMはEmployee Relationship Managementの略で、通常は「従業員関係性マネジメント」と訳されますが、実際の意味は「企業の経営陣が従業員と"いい関係"を築いて維持していくこと」です。ERM手法を実践するサイクル図を示します。

この手法は、従業員に意欲的に働いてもらうことを基本としているため、地域密着型デイサービスに最適な手法と言えます。

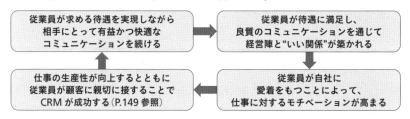

CSR（企業の社会的責任）とディスクロージャー（情報公開）

> CSRは企業が社会的責任を果たすことを意味し、ディスクロージャーは企業が積極的に自社の情報を公開していくことを意味します。ディスクロージャーは、CSRの実現に不可欠な手段と言えます。

CSR（企業の社会的責任）

CSRはCorporate Social Responsibilityの略で、「企業の社会的責任」を意味します。現代社会では、企業が経営者や株主の私有物から社会的な存在へと変化してきているため、企業の経営者は社会的責任を意識した経営をする必要があるのです。単に法令を遵守するだけでなく、社会のニーズを製品・サービスの開発につなげて企業と顧客（社会生活者）の共創・共生を図ることが求められます。CSRは企業の信頼性や競争力の向上につながります。

ディスクロージャー（情報公開）

ディスクロージャー（disclosure）の原義は、「包み隠さず明らかにする」ですが、「情報公開」や「情報開示」の意味で使われることが多いようです。主に投資家保護の観点から企業の事業内容などを公開することを意味しますが、最近ではCSRの観点からの情報公開の要求も高まってきています。

地域密着型デイサービスは、社会性の強い事業であるため、CSRやディスクロージャーを意識した経営を行う必要があるでしょう。

Part 5

19

KEYWORD

サービス利用者の個人情報保護

> デイサービス事業所の管理者やスタッフは、介護サービス利用者の個人情報保護に関係する法令やガイドラインを参考にしながら、個人情報保護の法律的な責任と社会的な責任の両方を果たす必要があります。

介護サービス利用者の個人情報保護に関係する法令

下記の条項は訪問介護事業所用のものですが、通所介護(デイサービス)事業所にも当てはまるので、参考にしてください。

『指定居宅サービス等の事業の人員、設備及び運営に関する基準』
(平成11年厚生省令第37号)
・第三十三条 指定訪問介護事業所の従業者は、正当な理由がなく、その**業務上知り得た利用者又はその家族の秘密を漏らしてはならない**。
2　指定訪問介護事業者は、当該指定訪問介護事業所の従業者であった者が、正当な理由がなく、その**業務上知り得た利用者又はその家族の秘密を漏らすことがないよう、必要な措置を講じなければならない**。
3　指定訪問介護事業者は、サービス担当者会議等において、**利用者の個人情報を用いる場合は利用者の同意を、利用者の家族の個人情報を用いる場合は当該家族の同意を、あらかじめ文書により得ておかなければならない**。

介護サービス利用者の個人情報保護に関係するガイドライン

○医療・介護関係事業者における個人情報の適切な取扱いのためのガイドライン

厚生労働省が発表したもので、**介護関係の事業者がサービス利用者・家族の個人情報を取り扱う場合の指針**です(詳しくは、下記アドレスを参照)。

http://www.mhlw.go.jp/topics/bukyoku/seisaku/kojin/dl/170805-11a.pdf

○「医療・介護関係事業者における個人情報の適切な取扱いのためのガイドライン」に関するQ&A

2005(平成17)年3月に厚生労働省が作成したQ&Aの2013(平成25)年4月改訂版です(詳しくは、下記アドレスを参照)。

http://www.mhlw.go.jp/topics/bukyoku/seisaku/kojin/dl/170805iryou-kaigoqa.pdf

Part 5 KEYWORD 20
デイサービスのリスクマネジメント

> デイサービス(DS)事業所においてクレームや事故(転倒、転落、異食、誤嚥、容態の急変など)が発生するリスクを予測して防止策を確立し、予防策を立ててスタッフ全員に周知し再発を防止することを意味します。

■ クレームの予測と予防策の確立

　クレームには、迅速かつていねいに対応するのが基本ですが、予防策を確立して再発を防ぐことも大切です。予防策を確立したら、『クレーム予防マニュアル』を作成して予防策を集約し、スタッフ全員で再発防止に役立てましょう。クレームに親切に対応することで、利用者・家族の満足度がかえって高まるケースもあります。

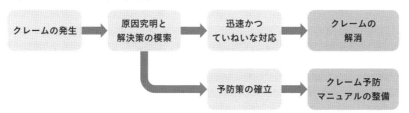

■ 事故の予測と予防策の確立

　利用者に転倒、転落、異食、誤嚥、容態の急変などの事故が起きたら、迅速かつ誠実に対応し家族に速やかに連絡するのが基本ですが、予防策を確立して再発を防ぐことも大切です。予防策を確立したら、『事故予防マニュアル』を作成して予防策を集約し、スタッフ全員で再発防止に役立てましょう。

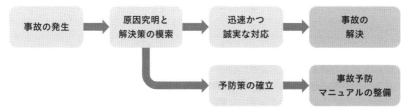

Column 4

日本の地域密着型サービスが先進諸国の標準モデルになる!?

　本書の執筆に際して、既存の地域密着型サービスについて調べていくうちに、「これは米国流の構造改革と規制緩和で日本のよき介護の仕組みが崩壊するのを防ぐ最後の砦ではないのだろうか？」と考えるようになりました。

　2004（平成16）年から2005（平成17）年にかけて、医療・介護・福祉に関する規制緩和が本格化したことと2005（平成17）年に「地域密着型サービス」が創設されたことを考え合わせると、これはあながち見当外れな推測ではないでしょう。

　このときの規制緩和には、採算性が低い介護サービス事業を介護保険料で支える状況を改善する意図があり、ある程度成果が出たことは確かです。しかし、その結果、「儲かりそうなニーズにしか目を向けない」傾向が強まり、介護サービスを利用する人たちが抱える日常の小さな"困り事"が切り捨てられるようになりました。また、介護事業者のなかには、企業価値をできるだけ高め、高値で売却しようとする人たちまで現れました。これは推測ですが、介護政策を担当する人たちから「このままでは日本のよき介護の仕組みが崩壊してしまう」と危惧する声があがったのではないでしょうか？

　おそらくそのような事情で創設された地域密着型サービスには、規模の大きい事業者との競争を通じて採算性と効率性を高めながら、利用者のニーズにきめ細かく対応していくことが求められているのでしょう。

　この仕組みは、米国の"合理主義的"なものとは一線を画す日本独特のものであり、今後、先進諸国の介護事業を支える標準モデルになるかもしれません。

👉 巻末資料

2016(平成28)年4月に地域密着型サービスに地域密着型通所介護(デイサービス)が追加されるのに先立って、厚生労働省から地域密着型通所介護の人員・設備・運営等に関する基準と費用額の算定に関する基準が公表されました。

最初に、2016(平成28)年3月16日に厚生労働省から関係各所に出された通知から、地域密着型通所介護の人員・設備・運営等に関する基準の部分を抜粋して示します。

次に、2016(平成28)年3月31日に厚生労働省から関係各所に出された通知から、地域密着型通所介護の介護費用額の算定に関する基準の部分を抜粋して示します。

これらの資料は、地域密着型デイサービスの経営・運営の拠り所となる重要なものなので、一通り目を通しておき、必要に応じて参照することをお勧めします。

『地域密着型通所介護の施行に伴う「指定地域密着型サービス及び指定地域密着型介護予防サービスに関する基準について」等の一部改正について（平成 28 年 3 月 16 日通知）』の別紙 1「指定地域密着型サービス及び指定地域密着型介護予防サービスに関する基準について（平成 18 年 3 月 31 日老計発第 0331004 号・老振発第 0331004 号・老老発第 0331017 号）の一部改正」からの抜粋

二の二　地域密着型通所介護
1 人員に関する基準
(1) 従業者の員数（基準第 20 条）
①指定地域密着型通所介護の単位とは、同時に、一体的に提供される指定地域密着型通所介護をいうものであることから、例えば、次のような場合は、2 単位として扱われ、それぞれの単位ごとに必要な従業者を確保する必要がある。
　イ指定地域密着型通所介護が同時に一定の距離を置いた 2 つの場所で行われ、これらのサービスの提供が一体的に行われているといえない場合
　ロ午前と午後とで別の利用者に対して指定地域密着型通所介護を提供する場合
　　また、利用者ごとに策定した地域密着型通所介護計画に位置づけられた内容の地域密着型通所介護が一体的に提供されていると認められる場合は、同一単位で提供時間数の異なる利用者に対して地域密着型通所介護を行うことも可能である。なお、同時一体的に行われているとは認められない場合は、別単位となることに留意すること。
② 7 時間以上 9 時間未満の地域密着型通所介護の前後に連続して延長サービスを行う場合にあっては、事業所の実情に応じて、適当数の従業者を配置するものとする。
③基準第 20 条第 1 項第 1 号の生活相談員、同項第 3 号の介護職員及び同条第 2 項の看護職員又は介護職員の人員配置については、当該職種の従業者がサービス提供時間内に勤務する時間数の合計（以下「勤務延時間数」という。）を提供時間数で除して得た数が基準において定められた数以上となるよう、勤務延時間数を確保するよう定めたものであり、必要な勤務延時間数が確保されれば当該職種の従業者の員数は問わないものである。
④生活相談員については、指定地域密着型通所介護の単位の数にかかわらず、次の計算式のとおり指定地域密着型通所介護事業所における提供時間数に応じた生活相談員の配置が必要になるものである。ここでいう提供時間数とは、当該事業所におけるサービス提供開始時刻から終了時刻まで（サービスが提供されていない時間帯を除く。）とする。
（確保すべき生活相談員の勤務延時間数の計算式）
提供日ごとに確保すべき勤務延時間数＝提供時間数
　　例えば、1 単位の指定地域密着型通所介護を実施している事業所の提供時間数を 6 時間とした場合、生活相談員の勤務延時間数を、提供時間数である 6 時間で除して得た数が 1 以上となるよう確保すればよいことから、従業者の員数にかかわらず 6 時間の勤務延時間数分の配置が必要となる。また、例えば午前 9 時から正午、午後 1 時から午後 6

時の 2 単位の指定地域密着型通所介護を実施している事業所の場合、当該事業所におけるサービス提供時間は午前 9 時から午後 6 時（正午から午後 1 時までを除く。）となり、提供時間数は 8 時間となることから、従業者の員数にかかわらず 8 時間の勤務延時間数分の配置が必要となる。

なお、指定地域密着型通所介護事業所が、利用者の地域での暮らしを支えるため、医療機関、他の居宅サービス事業者、地域の住民活動等と連携し、指定地域密着型通所介護事業所を利用しない日でも利用者の地域生活を支える地域連携の拠点としての機能を展開できるように、生活相談員の確保すべき勤務延時間数には、「サービス担当者会議や地域ケア会議に出席するための時間」、「利用者宅を訪問し、在宅生活の状況を確認した上で、利用者の家族も含めた相談・援助のための時間」、「地域の町内会、自治会、ボランティア団体等と連携し、利用者に必要な生活支援を担ってもらうなどの社会資源の発掘・活用のための時間」など、利用者の地域生活を支える取組のために必要な時間も含めることができる。

ただし、生活相談員は、利用者の生活の向上を図るため適切な相談・援助等を行う必要があり、これらに支障がない範囲で認められるものである。

⑤基準第 20 条第 1 項第 3 号にいう介護職員（第 2 項の適用を受ける場合の看護職員又は介護職員を含む。以下⑤について同じ。）については、指定地域密着型通所介護の単位ごとに、提供時間数に応じた配置が必要となるものであり、確保すべき勤務延時間数は、次の計算式のとおり提供時間数及び利用者数から算出される。なお、ここでいう提供時間数とは、当該単位における平均提供時間数（利用者ごとの提供時間数の合計を利用者数で除して得た数）とする。

（確保すべき介護職員の勤務延時間数の計算式）
・利用者数 15 人まで
　単位ごとに確保すべき勤務延時間数＝平均提供時間数
・利用者数 16 人以上
　単位ごとに確保すべき勤務延時間数＝（（利用者数－15）÷5＋1）×平均提供時間数
※平均提供時間数＝利用者ごとの提供時間数の合計÷利用者数

例えば、利用者数 18 人、提供時間数を 5 時間とした場合、(18 － 15) ÷ 5 ＋ 1 ＝ 1.6 となり、5 時間の勤務時間数を 1.6 名分確保すればよいことから、従業員の員数にかかわらず、5 × 1.6 ＝ 8 時間の勤務延時間数分の人員配置が必要となる。利用者数と平均提供時間数に応じて確保すべき勤務延時間数の具体例を別表一に示すものとする。

なお、介護職員については、指定地域密着型通所介護の単位ごとに常時 1 名以上確保することとされているが、これは、介護職員が常に確保されるよう必要な配置を行うよう定めたものであり、例えば、計算式により算出した確保すべき勤務延時間数が、当該事業所におけるサービス提供開始時刻から終了時刻までの時間数に満たない場合であっても、常時 1 名以上が確保されるよう配置を行う必要があることに留意すること。

また、介護職員は、利用者の処遇に支障がない場合は他の指定地域密着型通所介護の単位の介護職員として従事することができるとされたことから、例えば複数の単位の指定地域密着型通所介護を同じ時間帯に実施している場合、単位ごとに介護職員等が常に 1 名以上確保されている限りにおいては、単位を超えて柔軟な配置が可能である。

⑥看護職員については、提供時間帯を通じて専従する必要はないが、当該看護職員は提供時間帯を通じて指定地域密着型通所介護事業所と密接かつ適切な連携を図るものとする。

　また、病院、診療所、訪問看護ステーションとの連携により、看護職員が指定地域密着型通所介護事業所の営業日ごとに利用者の健康状態の確認を行い、病院、診療所、訪問看護ステーションと指定地域密着型通所介護事業所が提供時間帯を通じて密接かつ適切な連携を図っている場合には、看護職員が確保されているものとする。

　なお、「密接かつ適切な連携」とは、指定地域密着型通所介護事業所へ駆けつけることができる体制や適切な指示ができる連絡体制などを確保することである。

⑦利用者の数又は利用定員は、単位ごとの指定地域密着型通所介護についての利用者の数又は利用定員をいうものであり、利用者の数は実人員、利用定員は、あらかじめ定めた利用者の数の上限をいうものである。従って、例えば、1日のうちの午前の提供時間帯に利用者10人に対して指定地域密着型通所介護を提供し、午後の提供時間帯に別の利用者10人に対して指定地域密着型通所介護を提供する場合であって、それぞれの指定地域密着型通所介護の定員が10人である場合には、当該事業所の利用定員は10人、必要となる介護職員は午前午後それぞれにおいて利用者10人に応じた数ということとなり、人員算出上午前の利用者の数と午後の利用者の数が合算されるものではない。

⑧同一事業所で複数の単位の指定地域密着型通所介護を同時に行う場合であっても、常勤の従業者は事業所ごとに確保すれば足りるものである（基準第20条第7項関係）。

(2) **生活相談員**（基準第20条第1項第1号）

　生活相談員については、特別養護老人ホームの設備及び運営に関する基準（平成11年厚生省令第46号）第5条第2項に定める生活相談員に準ずるものである。

(3) **機能訓練指導員**（基準第20条第6項）

　機能訓練指導員は、日常生活を営むのに必要な機能の減退を防止するための訓練を行う能力を有する者とされたが、この「訓練を行う能力を有する者」とは、理学療法士、作業療法士、言語聴覚士、看護職員、柔道整復師又はあん摩マッサージ指圧師の資格を有する者とする。ただし、利用者の日常生活やレクリエーション、行事を通じて行う機能訓練については、当該事業所の生活相談員又は介護職員が兼務して行っても差し支えない。

(4) **管理者**（基準第21条）

　指定地域密着型通所介護事業所の管理者は常勤であり、かつ、原則として専ら当該事業所の管理業務に従事するものとする。ただし、以下の場合であって、当該事業所の管理業務に支障がないときは、他の職務を兼ねることができるものとする。なお、管理者は、地域密着型通所介護従事者である必要はないものである。

①当該指定地域密着型通所介護事業所の地域密着型通所介護従事者としての職務に従事する場合

②同一敷地内にある又は道路を隔てて隣接する等、特に当該事業所の管理業務に支障がないと認められる範囲内に他の事業所、施設等がある場合に、当該他の事業所、施設等の管理者又は従業者としての職務に従事する場合（この場合の他の事業所、施設等の事業の内容は問わないが、例えば、管理すべき事業所数が過剰であると個別に判断される場合や、併設される入所施設において入所者に対しサービス提供を行う看護・介護職員と

兼務する場合などは、管理業務に支障があると考えられる。ただし、施設における勤務時間が極めて限られている職員である場合等、個別に判断の上、例外的に認める場合があっても差し支えない。）

2 設備に関する基準（基準第22条）

（1）事業所

　　事業所とは、指定地域密着型通所介護を提供するための設備及び備品を備えた場所をいう。原則として一の建物につき、一の事業所とするが、利用者の利便のため、利用者に身近な社会資源（既存施設）を活用して、事業所の従業者が当該既存施設に出向いて指定地域密着型通所介護を提供する場合については、これらを事業所の一部とみなして設備基準を適用するものである。（基準第44条第1項、第67条第1項及び第175条第1項についても同趣旨）

（2）食堂及び機能訓練室

①指定地域密着型通所介護事業所の食堂及び機能訓練室（以下「指定地域密着型通所介護の機能訓練室等」という。）については、3平方メートルに利用定員を乗じて得た面積以上とすることとされたが、指定地域密着型通所介護が原則として同時に複数の利用者に対し介護を提供するものであることに鑑み、狭隘な部屋を多数設置することにより面積を確保すべきではないものである。ただし、指定地域密着型通所介護の単位をさらにグループ分けして効果的な指定地域密着型通所介護の提供が期待される場合はこの限りではない。

②指定地域密着型通所介護の機能訓練室等と、指定地域密着型通所介護事業所と併設の関係にある医療機関や介護老人保健施設における指定通所リハビリテーションを行うためのスペースについては、以下の条件に適合するときは、これらが同一の部屋等であっても差し支えないものとする。

　イ当該部屋等において、指定地域密着型通所介護の機能訓練室等と指定通所リハビリテーションを行うためのスペースが明確に区分されていること。

　ロ指定地域密着型通所介護の機能訓練室等として使用される区分が、指定地域密着型通所介護の設備基準を満たし、かつ、指定通所リハビリテーションを行うためのスペースとして使用される区分が、指定通所リハビリテーションの設備基準を満たすこと。

（3）消火設備その他の非常災害に際して必要な設備

　　消火設備その他の非常災害に際して必要な設備とは、消防法その他の法令等に規定された設備を示しており、それらの設備を確実に設置しなければならないものである。（基準第44条第1項、第67条第1項、第112条第6項、第132条第1項第9号及び第175条第1項についても同趣旨）

（4）指定地域密着型通所介護事業所の設備を利用し、夜間及び深夜に指定地域密着型通所介護以外のサービスを提供する場合

　　指定地域密着型通所介護の提供以外の目的で、指定地域密着型地域密着型通所介護事業所の設備を利用し、夜間及び深夜に指定地域密着型通所介護以外のサービス（以下「宿泊サービス」という。）を提供する場合には、当該サービスの内容を当該サービスの提供開始前に当該指定地域密着型通所介護事業者に係る指定を行った市町村長（以下「指定権者」という。）に届け出る必要があり、当該サービスの届出内容については、別紙様式

によるものとする。また、指定地域密着型通所介護事業者は宿泊サービスの届出内容に係る介護サービス情報を都道府県に報告し、都道府県は情報公表制度を活用し宿泊サービスの内容を公表することとする。

　指定地域密着型通所介護事業者は届け出た宿泊サービスの内容に変更がある場合は、変更の事由が生じてから10日以内に指定権者に届け出るよう努めることとする。また、宿泊サービスを休止又は廃止する場合は、その休止又は廃止の日の1月前までに指定権者に届け出るよう努めることとする。

3 運営に関する基準
(1) 利用料等の受領
①基準第24条第1項、第2項及び第5項の規定は、指定定期巡回・随時対応型訪問介護看護に係る第3条の19第1項、第2項及び第4項の規定と同趣旨であるため、第三の一の4の(12)の①、②及び④を参照されたい。
②同条第3項は、指定地域密着型通所介護事業者は、指定地域密着型通所介護の提供に関して、
　イ 利用者の選定により通常の事業の実施地域以外の地域に居住する利用者に対して行う送迎に要する費用
　ロ 指定地域密着型通所介護に通常要する時間を超える指定地域密着型通所介護であって利用者の選定に係るものの提供に伴い必要となる費用の範囲内において、通常の指定地域密着型通所介護に係る地域密着型介護サービス費用基準額を超える費用
　ハ 食事の提供に要する費用
　ニ おむつ代
　ホ 前各号に掲げるもののほか、地域密着型通所介護の提供において提供される便宜のうち、日常生活においても通常必要となるものに係る費用であって、その利用者に負担させることが適当と認められるもの

については、前2項の利用料のほかに利用者から支払を受けることができることとし、保険給付の対象となっているサービスと明確に区分されないあいまいな名目による費用の支払を受けることは認めないこととしたものである。なお、ハの費用については、居住、滞在及び宿泊並びに食事の提供に係る利用料等に関する指針(平成17年厚生労働省告示第419号。以下「指針」という。)の定めるところによるものとし、ホの費用の具体的な範囲については、別に通知するところによるものとする。

(2) 指定地域密着型通所介護の基本取扱方針及び具体的取扱方針
　指定地域密着型通所介護の基本取扱方針及び具体的取扱方針については、基準第25条及び第26条の定めるところによるほか、次の点に留意するものとする。
①指定地域密着型通所介護は、個々の利用者に応じて作成された地域密着型通所介護計画に基づいて行われるものであるが、グループごとにサービス提供が行われることを妨げるものではないこと。
②基準第26条第4号で定める「サービスの提供方法等」とは、地域密着型通所介護計画の目標及び内容や利用日の行事及び日課等も含むものであること。
③認知症の状態にある要介護者で、他の要介護者と同じグループとして、指定地域密着型通所介護を提供することが困難な場合には、必要に応じグループを分けて対応すること。

④指定地域密着型通所介護は、事業所内でサービスを提供することが原則であるが、次に掲げる条件を満たす場合においては、事業所の屋外でサービスを提供することができるものであること。
イ あらかじめ地域密着型通所介護計画に位置付けられていること。
ロ 効果的な機能訓練等のサービスが提供できること。
⑤利用者が日常生活を送る上で自らの役割を持つことにより、達成感や満足感を得、自信を回復するなどの効果が期待されるとともに、利用者にとって自らの日常生活の場であると実感できるよう必要な援助を行わなければならないこと。

(3) **地域密着型通所介護計画の作成**
①基準第27条で定める地域密着型通所介護計画については、介護の提供に係る計画等の作成に関し経験のある者や、介護の提供について豊富な知識及び経験を有する者にそのとりまとめを行わせるものとし、当該事業所に介護支援専門員の資格を有する者がいる場合は、その者に当該計画のとりまとめを行わせることが望ましい。
②地域密着型通所介護計画は、サービスの提供に関わる従業者が共同して個々の利用者ごとに作成するものである。
③地域密着型通所介護計画は、居宅サービス計画に沿って作成されなければならないこととしたものである。なお、地域密着型通所介護計画を作成後に居宅サービス計画が作成された場合は、当該地域密着型通所介護計画が居宅サービス計画に沿ったものであるか確認し、必要に応じて変更するものとする。
④地域密着型通所介護計画は利用者の心身の状況、希望及びその置かれている環境を踏まえて作成されなければならないものであり、サービス内容等への利用者の意向の反映の機会を保障するため、指定地域密着型通所介護事業所の管理者は、地域密着型通所介護計画の作成に当たっては、その内容等を説明した上で利用者の同意を得なければならず、また、当該地域密着型通所介護計画を利用者に交付しなければならない。
　なお、交付した地域密着型通所介護計画は、地域密着型基準第36条第2項の規定に基づき、2年間保存しなければならない。
⑤地域密着型通所介護計画の目標及び内容については、利用者又は家族に説明を行うとともに、その実施状況や評価についても説明を行うものとする。
⑥居宅サービス計画に基づきサービスを提供している指定地域密着型通所介護事業者については、第三の一の4の（16）⑫を準用する。この場合において、「定期巡回・随時対応型訪問介護看護計画」とあるのは「地域密着型通所介護計画」と読み替える。

(4) **管理者の責務**
　基準第28条は、指定地域密着型通所介護事業所の管理者の責務を、指定地域密着型通所介護事業所の従業者の管理及び指定地域密着型通所介護の利用の申込みに係る調整、業務の実施状況の把握その他の管理を一元的に行うとともに、当該指定地域密着型通所介護事業所の従業者に基準の第2章の2第4節の規定を遵守させるため必要な指揮命令を行うこととしたものである。

(5) **運営規程**
　基準第29条は、指定地域密着型通所介護の事業の適正な運営及び利用者に対する適切な指定地域密着型通所介護の提供を確保するため、同条第1号から第10号までに掲

げる事項を内容とする規程を定めることを指定地域密着型通所介護事業所ごとに義務づけたものであるが、特に次の点に留意するものとする。
①営業日及び営業時間（第3号）
　指定地域密着型通所介護の営業日及び営業時間を記載すること。
　なお、7時間以上9時間未満の地域密着型通所介護の前後に連続して延長サービスを行う指定地域密着型通所介護事業所にあっては、サービス提供時間とは別に当該延長サービスを行う時間を運営規程に明記すること。例えば、提供時間帯（9時間）の前に連続して1時間、後に連続して2時間、合計3時間の延長サービスを行う指定地域密着型通所介護事業所にあっては、当該指定地域密着型通所介護事業所の営業時間は12時間であるが、運営規程には、提供時間帯9時間、延長サービスを行う時間3時間とそれぞれ記載するものとすること。
②指定地域密着型通所介護の利用定員（第4号）
　利用定員とは、当該指定地域密着型通所介護事業所において同時に指定地域密着型通所介護の提供を受けることができる利用者の数の上限をいうものであること。
③指定地域密着型通所介護の内容及び利用料その他の費用の額（第5号）
　「指定地域密着型通所介護の内容」については、入浴、食事の有無等のサービスの内容を指すものであること。
④サービス利用に当たっての留意事項（第7号）
　利用者が指定地域密着型通所介護の提供を受ける際に、利用者側が留意すべき事項（機能訓練室を利用する際の注意事項等）を指すものであること。
⑤非常災害対策（第9号）
　(7)の非常災害に関する具体的計画を指すものであること（基準第54条第9号、第125条第8号及び第148条第6号についても同趣旨）。

(6) **勤務体制の確保等**
　基準第30条は、利用者に対する適切な指定地域密着型通所介護の提供を確保するため、職員の勤務体制等について規定したものであるが、このほか次の点に留意するものとする。
①指定地域密着型通所介護事業所ごとに、原則として月ごとの勤務表を作成し、地域密着型通所介護従業者の日々の勤務時間、常勤・非常勤の別、専従の生活相談員、看護職員、介護職員及び機能訓練指導員の配置、管理者との兼務関係等を明確にすること。
②同条第2項は、原則として、当該指定地域密着型通所介護事業所の従業者たる地域密着型通所介護従業者によって指定地域密着型通所介護を提供するべきであるが、調理、洗濯等の利用者の処遇に直接影響を及ぼさない業務については、第三者への委託等を行うことを認めるものであること。

(7) **非常災害対策**
　基準第32条は、指定地域密着型通所介護事業者は、非常災害に際して必要な具体的計画の策定、関係機関への通報及び連携体制の整備、避難、救出訓練の実施等の対策の万全を期さなければならないこととしたものである。関係機関への通報及び連携体制の整備とは、火災等の災害時に、地域の消防機関へ速やかに通報する体制をとるよう従業員に周知徹底するとともに、日頃から消防団や地域住民との連携を図り、火災等の際に消火・避難等に協力してもらえるような体制作りを求めることとしたものである。なお「非

常災害に関する具体的計画」とは、消防法施行規則第3条に規定する消防計画（これに準ずる計画を含む）及び風水害、地震等の災害に対処するための計画をいう。この場合、消防計画の策定及びこれに基づく消防業務の実施は、消防法第8条の規定により防火管理者を置くこととされている指定地域密着型通所介護事業所にあってはその者に行わせるものとする。また、防火管理者を置かなくてもよいこととされている指定地域密着型通所介護事業所においても、防火管理について責任者を定め、その者に消防計画に準ずる計画の樹立等の業務を行わせるものとする。

(8) 衛生管理等

基準第33条は、指定地域密着型通所介護事業所の必要最低限の衛生管理等について規定したものであるが、このほか、次の点に留意するものとする。

①指定地域密着型通所介護事業者は、食中毒及び感染症の発生を防止するための措置等について、必要に応じて保健所の助言、指導を求めるとともに、常に密接な連携を保つこと。

②特にインフルエンザ対策、腸管出血性大腸菌感染症対策、レジオネラ症対策等については、その発生及びまん延を防止するための措置について、別途通知等が発出されているので、これに基づき、適切な措置を講じること。

③空調設備等により施設内の適温の確保に努めること。

(9) 地域との連携等

①基準第34条第1項に定める運営推進会議は、指定地域密着型通所介護事業所が、利用者、市町村職員、地域住民の代表者等に対し、提供しているサービス内容等を明らかにすることにより、事業所による利用者の「抱え込み」を防止し、地域に開かれたサービスとすることで、サービスの質の確保を図ることを目的として設置するものであり、各事業所が自ら設置すべきものである。この運営推進会議は、事業所の指定申請時には、既に設置されているか、確実な設置が見込まれることが必要となるものである。また、地域の住民の代表者とは、町内会役員、民生委員、老人クラブの代表等が考えられる。

なお、指定地域密着型通所介護事業所と他の地域密着型サービス事業所を併設している場合においては、1つの運営推進会議において、両事業所の評価等を行うことで差し支えない。

②運営推進会議における報告等の記録は、基準第36条第2項の規定に基づき、2年間保存しなければならない。

③基準第34条第3項は、指定地域密着型通所介護の事業が地域に開かれた事業として行われるよう、指定地域密着型通所介護事業者は、地域の住民やボランティア団体等との連携及び協力を行う等の地域との交流に努めなければならないこととしたものである。

④基準第34条第4項は、指定定期巡回・随時対応型訪問介護看護に係る基準第3条の37第3項の規定と同趣旨であるため、第三の一の4の(26)の④を参照されたい。

⑤基準第34条第5項は、指定定期巡回・随時対応型訪問介護看護に係る基準第3条の37第4項の規定と同趣旨であるため、第三の一の4の(26)の⑤を参照されたい。

(10) 事故発生時の対応

基準第35条は、利用者が安心して指定地域密着型通所介護の提供を受けられるよう、事故発生時の速やかな対応を規定したものである。指定地域密着型通所介護事業者は、利用者に対する指定地域密着型通所介護の提供により事故が発生した場合は、市町村、

当該利用者の家族、当該利用者に係る居宅介護支援事業者等に対して連絡を行う等の必要な措置を講じるべきこととするとともに、当該事故の状況及び事故に際して採った処置について記録しなければならないこととしたものである。
　また、利用者に対する指定地域密着型通所介護の提供により賠償すべき事故が発生した場合は、損害賠償を速やかに行わなければならないこととしたものである。
　なお、基準第 35 条第 2 項の規定に基づき、事故の状況及び事故に際して採った処置についての記録は、2 年間保存しなければならない。
　このほか、以下の点に留意するものとする。
①利用者に対する指定地域密着型通所介護の提供により事故が発生した場合の対応方法については、あらかじめ指定地域密着型通所介護事業者が定めておくことが望ましいこと。
②指定地域密着型通所介護事業者は、賠償すべき事態において速やかに賠償を行うため、損害賠償保険に加入しておくか、又は賠償資力を有することが望ましいこと。
③指定地域密着型通所介護事業者は、事故が発生した際にはその原因を解明し、再発生を防ぐための対策を講じること。
　なお、夜間及び深夜に指定地域密着型通所介護以外のサービスの提供により事故が発生した場合は、以上を踏まえた同様の対応を行うこととする。
(11) 準用
　基準第 37 条の規定により、基準第 3 条の 7 から第 3 条の 11 まで、第 3 条の 13 から第 3 条の 16 まで、第 3 条の 18、第 3 条の 20、第 3 条の 26、第 3 条の 32 から第 3 条の 36 まで、第 3 条の 39 及び第 12 条は、指定地域密着型通所介護の事業について準用されるものであるため、第三の一の 4 の（1）から（9）まで、（11）、（13）、（17）、（23）から（25）まで及び（28）並びに第三の二の 4 の（3）を参照されたい。

4 指定療養通所介護の事業
＜以下省略＞

別表一
地域密着型通所介護の人員配置基準を満たすために必要となる
介護職員の勤務時間数の具体例（単位ごと）

		平均提供時間数						
		3.0 時間	4.0 時間	5.0 時間	6.0 時間	7.0 時間	8.0 時間	9.0 時間
利用者	5 人	3.0 時間	4.0 時間	5.0 時間	6.0 時間	7.0 時間	8.0 時間	9.0 時間
	10 人	3.0 時間	4.0 時間	5.0 時間	6.0 時間	7.0 時間	8.0 時間	9.0 時間
	15 人	3.0 時間	4.0 時間	5.0 時間	6.0 時間	7.0 時間	8.0 時間	9.0 時間
	16 人	3.6 時間	4.8 時間	6.0 時間	7.2 時間	8.4 時間	9.6 時間	10.8 時間
	17 人	4.2 時間	5.6 時間	7.0 時間	8.4 時間	9.8 時間	11.2 時間	12.6 時間
	18 人	4.8 時間	6.4 時間	8.0 時間	9.6 時間	11.2 時間	12.8 時間	14.4 時間
	19 人	5.4 時間	7.2 時間	9.0 時間	10.8 時間	12.6 時間	14.4 時間	16.2 時間
	20 人	6.0 時間	8.0 時間	10.0 時間	12.0 時間	14.0 時間	16.0 時間	18.0 時間

『地域密着型通所介護の施行に伴う「指定地域密着型サービスに要する費用の額の算定に関する基準及び指定地域密着型介護予防サービスに要する費用の額の算定に関する基準の制定に伴う実施上の留意事項について」等の一部改正について（平成28年3月31日通知）』の別紙1「指定地域密着型サービスに要する費用の額の算定に関する基準及び指定地域密着型介護予防サービスに要する費用の額の算定に関する基準の制定に伴う実施上の留意事項について（平成18年3月31日老計発第0331005号・老振発第0331005号・老老発第0331018号）の一部改正」からの抜粋

3の2 地域密着型通所介護費
（1）所要時間による区分の取扱い
　　　所要時間による区分については、現に要した時間ではなく、地域密着型通所介護計画に位置付けられた内容の地域密着型通所介護を行うための標準的な時間によることとされたところであり、単に、当日のサービス進行状況や利用者の家族の出迎え等の都合で、当該利用者が通常の時間を超えて事業所にいる場合は、地域 密着型通所介護のサービスが提供されているとは認められないものであること。したがって、この場合は当初計画に位置付けられた所要時間に応じた所定単位数が算定されるものであること（このような家族等の出迎え等までの間の「預かり」サービスについては、利用者から別途利用料を徴収して差し支えない 。また、ここでいう地域密着型通所介護を行うのに要する時間には、送迎に要する時間は含まれないものであるが、送迎時に実施した居宅内での介助等（着替え、ベッド・車椅子への移乗、戸締まり等）に要する時間は、次のいずれの要件も満たす場合、1日30分以内を限度として、地域密着型通所介護を行うのに要する時間に含めることができる。
①居宅サービス計画及び地域密着型通所介護計画に位置付けた上で実施する場合
②送迎時に居宅内の介助等を行う者が、介護福祉士、実務者研修修了者、介護職員基礎研修課程修了者、一級課程修了者、介護職員初任者研修修了者（二級課程修了者を含む。）、看護職員、機能訓練指導員又は当該事業所における勤続年数と同一法人の経営する他の介護サービス事業所、医療機関、社会福祉施設等においてサービスを利用者に直接提供する職員としての勤続年数の合計が3年以上の介護職員である場合
　　　これに対して、当日の利用者の心身の状況から、実際の地域密着型通所介護の提供が地域密着型通所介護計画上の所要時間よりもやむを得ず短くなった場合には地域密着型通所介護計画上の単位数を算定して差し支えない。
　　　なお、地域密着型通所介護計画上の所要時間よりも大きく短縮した場合には、地域密着型通所介護計画を変更のうえ、変更後の所要時間に応じた単位数を算定すること。なお、同一の日の異なる時間帯に複数の単位（指定地域密着型サービス基準第20条に規定する指定地域密着型通所介護の単位をいう。以下同じ）を行う事業所においては、利用者が

同一の日に 複数の指定地域密着型通所介護の単位を利用する場合には、それぞれの地域密着型通所介護の単位について所定単位数が算定されること。
(2) 2時間以上3時間未満の地域密着型通所介護を行う場合の取扱い
　　2時間以上3時間未満の地域密着型通所介護の単位数を算定できる利用者は、心身の状況から、長時間のサービス利用が困難である者、病後等で短時間の利用から始めて長時間利用に結びつけていく必要がある者など、利用者側のやむを得ない事情により長時間のサービス利用が困難な者（利用者等告示第35号の3）であること。なお、2時間以上3時間未満の地域密着型通所介護であっても、地域密着型通所介護の本来の目的に照らし、単に入浴サービスのみといった利用は適当ではなく、利用者の日常生活動作能力などの向上のため、日常生活を通じた機能訓練等が実施されるべきものであること。
(3) 7時間以上9時間未満の地域密着型通所介護の前後に連続して延長サービスを行った場合の加算の取扱い
　　延長加算は、所要時間7時間以上9時間未満の地域密着型通所介護の前後に連続して日常生活上の世話を行う場合について、5時間を限度として算定されるものであり、例えば、
① 9時間の地域密着型通所介護の後に連続して5時間の延長サービスを行った場合
② 9時間の地域密着型通所介護の前に連続して2時間、後に連続して3時間、合計5時間の延長サービスを行った場合には、5時間分の延長サービスとして250単位が算定される。また、当該加算は地域密着型通所介護と延長サービスを通算した時間が9時間以上の部分について算定されるものであるため、例えば、
③ 8時間の地域密着型通所介護の後に連続して5時間の延長サービスを行った場合には、地域密着型通所介護と延長サービスの通算時間は13時間であり、4時間分（＝13時間－9時間）の延長サービスとして200単位が算定される。
　　なお、延長加算は、実際に利用者に対して延長サービスを行うことが可能な体制にあり、かつ、実際に延長サービスを行った場合に算定されるものであるが、当該事業所の実情に応じて、適当数の従業者を置いている必要があり、当該事業所の利用者が、当該事業所を利用した後に、引き続き当該事業所の設備を利用して宿泊する場合や、宿泊した翌日において当該事業所の地域密着型通所介護の提供を受ける場合には算定することはできない。
(4) 災害時等の取扱い
　　災害その他のやむを得ない理由による定員超過利用については、当該定員超過利用が開始した月（災害等が生じた時期が月末であって、定員超過利用が翌月まで継続することがやむを得ないと認められる場合は翌月も含む）の翌月から所定単位数の減算を行うことはせず、やむを得ない理由がないにもかかわらずその翌月まで定員を超過した状態が継続している場合に、災害等が生じた月の翌々月から所定単位数の減算を行うものとする。
(5) 注5の取扱い
　　定期巡回・随時対応型訪問介護看護と同様であるので、2（6）を参照されたい。
(6) 入浴介助加算について
　　地域密着型通所介護入浴介助加算は、入浴中の利用者の観察を含む介助を行う場合に

ついて算定されるものである（利用者等告示第35号の4）が、この場合の「観察」とは、自立生活支援のための見守り的援助のことであり、利用者の自立支援や日常生活動作能力などの向上のために、極力利用者自身の力で入浴し、必要に応じて介助、転倒予防のための声かけ、気分の確認などを行うことにより、結果として、身体に直接接触する介助を行わなかった場合についても、加算の対象となるものであること。

また、地域密着型通所介護計画上、入浴の提供が位置付けられている場合に、利用者側の事情により、入浴を実施しなかった場合については、加算を算定できない。

（7）中重度者ケア体制加算について

①中重度者ケア体制加算は、暦月ごとに、指定地域密着型サービス基準第20条第1項に規定する看護職員又は介護職員の員数に加え、看護職員又は介護職員を常勤換算方法で2以上確保する必要がある。このため、常勤換算方法による職員数の算定方法は、暦月ごとの看護職員又は介護職員の勤務延時間数を、当該事業所において常勤の職員が勤務すべき時間数で除することによって算定し、暦月において常勤換算方法で2以上確保していれば加算の要件を満たすこととする。なお、常勤換算方法を計算する際の勤務延時間数については、サービス提供時間前後の延長加算を算定する際に配置する看護職員又は介護職員の勤務時間数は含めないこととし、常勤換算方法による員数については、小数点第2位以下を切り捨てるものとする。

②要介護3、要介護4又は要介護5である者の割合については、前年度（3月を除く。）又は届出日の属する月の前3月の1月当たりの実績の平均について、利用実人員数又は利用延人員数を用いて算定するものとし、要支援者に関しては人員数には含めない。

③利用実人員数又は利用延人員数の割合の計算方法は、次の取扱いによるものとする

イ前年度の実績が6月に満たない事業所（新たに事業を開始し、又は再開した事業所を含む。）については、前年度の実績による加算の届出はできないものとする。

ロ前3月の実績により届出を行った事業所については、届出を行った月以降においても、直近3月間の利用者の割合につき、毎月継続的に所定の割合を維持しなければならない。また、その割合については、毎月ごとに記録するものとし、所定の割合を下回った場合については、直ちに第一の5の届出を提出しなければならない。

④看護職員は、指定地域密着型通所介護を行う時間帯を通じて1名以上配置する必要があり、他の職務との兼務は認められない。

⑤中重度者ケア体制加算については、事業所を利用する利用者全員に算定することができる。また、注9の認知症加算の算定要件も満たす場合は、中重度者ケア体制加算の算定とともに認知症加算も算定できる。

⑥中重度者ケア体制加算を算定している事業所にあっては、中重度の要介護者であっても社会性の維持を図り在宅生活の継続に資するケアを計画的に実施するプログラムを作成することとする。

（8）個別機能訓練加算について

①個別機能訓練加算は、理学療法士、作業療法士、言語聴覚士、看護職員、柔道整復師又はあん摩マッサージ指圧師（以下3の2において「理学療法士等」という）が個別機能訓練計画に基づき、計画的に行った機能訓練（以下「個別機能訓練」という）について算定する。

②個別機能訓練加算（Ⅰ）に係る機能訓練は、提供時間帯を通じて、専ら機能訓練指導員の職務に従事する常勤の理学療法士等を１名以上配置している指定地域密着型通所介護の単位（指定地域密着型サービス基準第 20 条第 5 項に規定する指定地域密着型通所介護の単位をいう）の利用者に対して行うものであること。この場合において、例えば１週間のうち、月曜日から金曜日は常勤の理学療法士等が配置され、それ以外の曜日に非常勤の理学療法士等だけが配置されている場合は、非常勤の理学療法士等だけが配置されている曜日については、当該加算の対象とはならない。（個別機能訓練加算（Ⅱ）の要件に該当している 場合は、その算定対象となる。）ただし、個別機能訓練加算（Ⅰ）の対象となる理学療法士等が配置される曜日はあらかじめ定められ、利用者や居宅介護支援事業者に周知されている必要がある。なお、地域密着型通所介護事業所の看護職員が当該加算に係る機能訓練指導員の職務に従事する場合には、当該職務の時間は、地域密着型通所介護事業所における看護職員としての人員基準の算定に含めない。

③個別機能訓練加算（Ⅰ）に係る機能訓練の項目の選択については、機能訓練指導員等が、利用者の生活意欲が増進されるよう利用者の選択を援助し、利用者が選択した項目ごとにグループに分かれて活動することで、心身の状況に応じた機能訓練が適切に提供されることが要件となる。また、機能訓練指導員等は、利用者の心身の状態を勘案し、項目の選択について必要な援助を行わなければならない。

④個別機能訓練加算（Ⅱ）に係る機能訓練は、専ら機能訓練指導員の職務に従事する理学療法士等を１名以上配置して行うものであること。この場合において、例えば、１週間のうち特定の曜日だけ理学療法士等を配置している場合は、その曜日において理学療法士等から直接訓練の提供を受けた利用者のみが当該加算の算定対象となる。ただし、この場合、理学療法士等が配置される曜日はあらかじめ定められ、利用者や居宅介護支援事業者に周知されている必要がある。なお、地域密着型通所介護事業所の看護職員が当該加算に係る機能訓練指導員の職務に従事する場合には、当該職務の時間は、地域密着型通所介護事業所における看護職員としての人員基準の算定に含めない。

⑤個別機能訓練を行うに当たっては、機能訓練指導員、看護職員、介護職員、生活相談員その他の職種の者（以下「機能訓練 指導員等」という）が共同して、利用者ごとにその目標、実施時間、実施方法等を内容とする個別機能訓練計画を作成し、これに基づいて行った個別機能訓練の効果、実施時間、実施方法等について評価等を行う。なお、地域密着型通所介護においては、個別機能訓練計画に相当する内容を地域密着型通所介護計画の中に記載する場合は、その記載をもって個別機能訓練計画の作成に代えることができるものとすること。

⑥個別機能訓練加算（Ⅱ）に係る機能訓練は、身体機能そのものの回復を主たる目的とする訓練ではなく、残存する身体機能を活用して生活機能の維持・向上を図り、利用者が居宅において可能な限り自立して暮らし続けることを目的として実施するものである。具体的には、適切なアセスメントを経て利用者の ADL 及び IADL の状況を把握し、日常生活における生活機能の維持・向上に関する目標（１人で入浴が出来るようになりたい等）を設定のうえ、当該目標を達成するための訓練を実施すること。

⑦⑥の目標については、利用者又は家族の意向及び利用者を担当する介護支援専門員の意見も踏まえ策定することとし、当該利用者の意欲の向上につながるよう、段階的な目標

を設定するなど可能な限り具体的かつ分かりやすい目標とすること。
⑧個別機能訓練加算（Ⅱ）に係る機能訓練は、類似の目標を持ち同様の訓練内容が設定された５人程度以下の小集団（個別対応含む）に対して機能訓練指導員が直接行うこととし、必要に応じて事業所内外の設備等を用いた実践的かつ反復的な訓練とすること。実施時間については、個別機能訓練計画に定めた訓練内容の実施に必要な１回あたりの訓練時間を考慮し適切に設定すること。

　　また、生活機能の維持・向上のための訓練を効果的に実施するためには、計画的・継続的に行う必要があることから、おおむね週１回以上実施することを目安とする。
⑨個別機能訓練を行う場合は、機能訓練指導員等が居宅を訪問した上で利用者の居宅での生活状況（起居動作、ADL、IADL等の状況）を確認し、多職種共同で個別機能訓練計画を作成した上で実施することとし、その後３月ごとに１回以上、利用者の居宅を訪問し、利用者の居宅での生活状況を確認した上で、利用者又はその家族に対して個別機能訓練計画の内容（評価を含む。）や進捗状況等を説明し記録するとともに訓練内容の見直し等を行う。また、評価内容や目標の達成度合いについて、当該利用者を担当する介護支援専門員等に適宜報告・相談し、必要に応じて利用者又は家族の意向を確認の上、当該利用者のADL及びIADLの改善状況を踏まえた目標の見直しや訓練内容の変更など適切な対応を行うこと。
⑩個別機能訓練に関する記録（実施時間、訓練内容、担当者等）は、利用者ごとに保管され、常に当該事業所の個別機能訓練の従事者により閲覧が可能であるようにすること。
⑪個別機能訓練加算（Ⅰ）を算定している者であっても、別途個別機能訓練加算（Ⅱ）に係る訓練を実施した場合は、同一日であっても個別機能訓練加算（Ⅱ）を算定できるが、この場合にあっては、個別機能訓練加算（Ⅰ）に係る常勤専従の機能訓練指導員は、個別機能訓練加算（Ⅱ）に係る機能訓練指導員として従事することはできず、別に個別機能訓練加算（Ⅱ）に係る機能訓練指導員の配置が必要である。また、個別機能訓練加算（Ⅰ）は身体機能への働きかけを中心に行うものであるが、個別機能訓練加算（Ⅱ）は、心身機能への働きかけだけでなく、ADL（食事、排泄、入浴等）やIADL（調理、洗濯、掃除等）などの活動への働きかけや、役割の創出や社会参加の実現といった参加への働きかけを行い、心身機能、活動、参加といった生活機能にバランスよく働きかけるものであり、それぞれの加算の目的・趣旨が異なることから、それぞれの個別機能訓練計画に基づいた適切な訓練を実施する必要がある。なお、それぞれの加算の目的・趣旨に沿った目標設定や実施内容等の項目等については、別に通知するところによるものとする。

(9) 認知症加算について
①常勤換算方法による職員数の算定方法は、(7)①を参照のこと。
②「日常生活に支障を来すおそれのある症状又は行動が認められることから介護を必要とする認知症の者」とは、日常生活自立度のランクⅢ、Ⅳ又はMに該当する者を指すものとし、これらの者の割合については、前年度（３月を除く。）又は届出日の属する月の前３月の１月当たりの実績の平均について、利用実人員数又は利用延人員数を用いて算定するものとし、要支援者に関しては人員数には含めない。
③利用実人員数又は利用延人員数の割合の計算方法は、(7)③を参照のこと。
④「認知症介護の指導に係る専門的な研修」とは、「認知症介護実践者等養成事業の実施に

ついて」(平成18年3月31日老発第0331010号厚生労働省老健局長通知)及び「認知症介護実践者等養成事業の円滑な運営について」(平成18年3月31日老計発第0331007号厚生労働省計画課長通知)に規定する「認知症介護 指導者養成研修」を指すものとする。
⑤「認知症介護に係る専門的な研修」とは、「認知症介護実践者等養成事業の実施について」及び「認知症介護実践者等養成事業の円滑な運営について」に規定する「認知症介護実践リーダー研修」を指すものとする。
⑥「認知症介護に係る実践的な研修」とは、「認知症介護実践者等養成事業の実施について」及び「認知症介護実践者等養成事業の円滑な運営について」に規定する「認知症介護実践者研修」を指すものとする。
⑦認知症介護指導者養成研修、認知症介護実践リーダー研修、認知症介護実践者研修の修了者は、指定地域密着型通所介護を行う時間帯を通じて1名以上配置する必要がある。
⑧認知症加算については、日常生活自立度のランクⅢ、Ⅳ又はMに該当する者に対して算定することができる。また、注7の中重度者ケア体制加算の算定要件も満たす場合は、認知症加算の算定とともに中重度者ケア体制加算も算定できる。
⑨認知症加算を算定している事業所にあっては、認知症の症状の進行の緩和に資するケアを計画的に実施するプログラムを作成することとする。
(10) 若年性認知症利用者受入加算について
　受け入れた若年性認知症利用者ごとに個別に担当者を定め、その者を中心に、当該利用者の特性やニーズに応じたサービス提供を行うこと。
(11) 栄養改善加算について
①栄養改善加算の算定に係る栄養改善サービスの提供は、利用者ごとに行われるケアマネジメントの一環として行われることに留意すること。
②管理栄養士を1名以上配置して行うものであること。
③栄養改善加算を算定できる利用者は、次のイからホのいずれかに該当する者であって、栄養改善サービスの提供が必要と認められる者とすること。
　イ BMIが18.5未満である者
　ロ 1〜6月間で3%以上の体重の減少が認められる者又は「地域支援事業の実施について」(平成18年6月9日老発第06090 01号厚生労働省老健局長通知)に規定する基本チェックリストのNo.(11)の項目が「1」に該当する者
　ハ 血清アルブミン値が3.5g／dl以下である者
　ニ 食事摂取量が不良(75%以下)である者
　ホ その他低栄養状態にある又はそのおそれがあると認められる者
　なお、次のような問題を有する者については、前記イからホのいずれかの項目に該当するかどうか、適宜確認されたい。
　　・口腔及び摂食・嚥下機能の問題(基本チェックリストの口腔機能に関連する(13)、(14)、(15)のいずれかの項目において「1」に該当する者などを含む
　　・生活機能の低下の問題
　　・褥瘡に関する問題
　　・食欲の低下の問題

・閉じこもりの問題（基本チェックリストの閉じこもりに関連する（16）、（17）のいずれかの項目において「1」に該当する者などを含む
・認知症の問題（基本チェックリストの認知症に関連する（18）、（19）、（20）のいずれかの項目において「1」に該当する者などを含む
・うつの問題（基本チェックリストのうつに関連する（21）から（25）の項目において、2項目以上「1」に該当する者などを含む

④栄養改善サービスの提供は、以下のイからホまでに掲げる手順を経てなされる。
　イ利用者ごとの低栄養状態のリスクを、利用開始時に把握すること。
　ロ利用開始時に、管理栄養士が中心となって、利用者ごとの摂食・嚥下機能及び食形態にも配慮しつつ、栄養状態に関する解決すべき課題の把握（以下「栄養アセスメント」という）を行い、管理栄養士、看護職員、介護職員、生活相談員その他の職種の者が共同して、栄養食事相談に関する事項（食事に関する内容の説明等）、解決すべき栄養管理上の課題等に対し取り組むべき事項等を記載した栄養ケア計画を作成すること。作成した栄養ケア計画については、栄養改善サービスの対象となる利用者又はその家族に説明し、その同意を得ること。なお、地域密着型通所介護においては、栄養ケア計画に相当する内容を地域密着型通所介護計画の中に記載する場合は、その記載をもって栄養ケア計画の作成に代えることができるものとすること。
　ハ栄養ケア計画に基づき、管理栄養士等が利用者ごとに栄養改善サービスを提供すること。その際、栄養ケア計画に実施上の問題点があれば直ちに当該計画を修正すること。
　ニ利用者の栄養状態に応じて、定期的に、利用者の生活機能の状況を検討し、おおむね3月ごとに体重を測定する等により栄養状態の評価を行い、その結果を当該利用者を担当する介護支援専門員や主治の医師に対して情報提供すること。
　ホ指定地域密着型サービス基準第37条において準用する第3条の18に規定するサービスの提供の記録において利用者ごとの栄養ケア計画に従い管理栄養士が利用者の栄養状態を定期的に記録する場合は、当該記録とは別に栄養改善加算の算定のために利用者の栄養状態を定期的に記録する必要はないものとすること。
⑤おおむね3月ごとの評価の結果、③のイからホまでのいずれかに該当する者であって、継続的に管理栄養士等がサービス提供を行うことにより、栄養改善の効果が期待できると認められるものについては、継続的に栄養改善サービスを提供する。

(12) 口腔機能向上加算について
①口腔機能向上加算の算定に係る口腔機能向上サービスの提供には、利用者ごとに行われるケアマネジメントの一環として行われることに留意すること。
②言語聴覚士、歯科衛生士又は看護職員を1名以上配置して行うものであること。
③口腔機能向上加算を算定できる利用者は、次のイからハまでのいずれかに該当する者であって、口腔機能向上サービスの提供が必要と認められる者とすること。
　イ認定調査票における嚥下、食事摂取、口腔清潔の3項目のいずれかの項目において「1」以外に該当する者
　ロ基本チェックリストの口腔機能に関連する（13）、（14）、（15）の3項目のうち、2項目以上が「1」に該当する者
　ハその他口腔機能の低下している者又はそのおそれのある者

④利用者の口腔の状態によっては、医療における対応を要する場合も想定されることから、必要に応じて、介護支援専門員を通して主治医又は主治の歯科医師への情報提供、受診勧奨などの適切な措置を講じることとする。なお、歯科医療を受診している場合であって、次のイ又はロのいずれかに該当する場合にあっては、加算は算定できない。
　イ 医療保険において歯科診療報酬点数表に掲げる摂食機能療法を算定している場合
　ロ 医療保険において歯科診療報酬点数表に掲げる摂食昨日痒し法を算定していない場合であって、介護保険の口腔機能向上サービスとして「摂食・嚥下機能に関する訓練の指導若しくは実施」を行っていない場合

⑤口腔機能向上サービスの提供は、以下のイからホまでに掲げる手順を経てなされる
　イ 利用者ごとの口腔機能を、利用開始時に把握すること。
　ロ 利用開始時に、言語聴覚士、歯科衛生士又は看護職員が中心となって、利用者ごとの口腔衛生、摂食・嚥下機能に関する解決すべき課題の把握を行い、言語聴覚士、歯科衛生士、看護職員、介護職員、生活相談員その他の職種の者が共同して取り組むべき事項等を記載した口腔機能改善管理指導計画を作成すること。作成した口腔機能改善管理指導計画については、口腔機能向上サービスの対象となる利用者又はその家族に説明し、その同意を得ること。なお、地域密着型通所介護においては、口腔機能改善管理指導計画に相当する内容を地域密着型通所介護計画の中に記載する場合は、その記載をもって口腔機能改善管理指導計画の作成に代えることができるものとすること。
　ハ 口腔機能改善管理指導計画に基づき、言語聴覚士、歯科衛生士又は看護職員等が利用者ごとに口腔機能向上サービスを提供すること。その際、口腔機能改善管理指導計画に実施上の問題点があれば直ちに当該計画を修正すること。
　ニ 利用者の口腔機能の状態に応じて、定期的に、利用者の生活機能の状況を検討し、おおむね3月ごとに口腔機能の状態の評価を行い、その結果について、当該利用者を担当する介護支援専門員や主治の医師、主治の歯科医師に対して情報提供すること。
　ホ 指定地域密着型サービス基準第37条において準用する第3条の18に規定するサービスの提供の記録において利用者ごとの口腔機能改善管理指導計画に従い言語聴覚士、歯科衛生士又は看護職員が利用者の口腔機能を定期的に記録する場合は、当該記録とは別に口腔機能向上加算の算定のために利用者の口腔機能を定期的に記録する必要はないものとすること。

⑥おおむね3月ごとの評価の結果、次のイ又はロのいずれかに該当する者であって、継続的に言語聴覚士、歯科衛生士又は看護職員等がサービス提供を行うことにより、口腔機能の向上又は維持の効果が期待できると認められるものについては、継続的に口腔機能向上サービスを提供する。
　イ 口腔清潔・唾液分泌・咀嚼・嚥下・食事摂取等の口腔機能の低下が認められる状態の者
　ロ 当該サービスを継続しないことにより、口腔機能が低下するおそれのある者

(13) 事業所と同一建物に居住する利用者又は同一建物から通う利用者に地域密着型通所介護を行う場合について
①同一建物の定義 注16における「同一建物」とは、当該指定地域密着型通所介護事業所と構造上又は外形上、一体的な建築物を指すものであり、具体的には、当該建物の1階

部分に指定地域密着型通所介護事業所がある場合や、当該建物と渡り廊下等で繋がっている場合が該当し、同一敷地内にある別棟の建築物や道路を挟んで隣接する場合は該当しない。

また、ここでいう同一建物については、当該建築物の管理、運営法人が当該指定地域密着型通所介護事業所の指定地域密着型通所介護事業者と異なる場合であっても該当するものであること。

②なお、傷病により一時的に送迎が必要であると認められる利用者その他やむを得ない事情により送迎が必要と認められる利用者に対して送迎を行った場合は、例外的に減算対象とならない。具体的には、傷病により一時的に歩行困難となった者又は歩行困難な要介護者であって、かつ建物の構造上自力での通所が困難である者に対し、2人以上の従業者が、当該利用者の居住する場所と当該指定地域密着型通所介護事業所の間の往復の移動を介助した場合に限られること。ただし、この場合、2人以上の従業者による移動介助を必要とする理由や移動介助の方法及び期間について、介護支援専門員とサービス担当者会議等で慎重に検討し、その内容及び結果について地域密着型通所介護計画に記載すること。また、移動介助者及び移動介助時の利用者の様子等について、記録しなければならない。

（14）送迎を行わない場合の減算について

利用者が自ら通う場合、利用者の家族等が送迎を行う場合など事業者が送迎を実施していない場合は、片道につき減算の対象となる。ただし、注16の減算の対象となっている場合には、当該減算の対象とはならない。

（15）定員超過利用に該当する場合の所定単位数の算定について

①当該事業所の利用定員を上回る利用者を利用させている、いわゆる定員超過利用に対し、介護給付費の減額を行うこととし、厚生労働大臣が定める利用者等の数の基準及び看護職員等の員数の基準並びに通所介護費等の算定方法（平成12年厚生省告示 第27号。以下「通所介護費等の算定方法」という）において、定員超過利用の基準及び単位数の算定方法を明らかにしているところであるが、これは、適正なサービスの提供を確保するための規定であり、定員超過利用の未然防止を図るよう努めるものとする。

②この場合の利用者の数は、1月間（暦月）の利用者の数の平均を用いる。この場合、1月間の利用者の数の平均は、当該月におけるサービス提供日ごとの同時にサービスの提供を受けた者の最大数の合計を、当該月のサービス提供日数で除して得た数とする。この平均利用者数の算定に当たっては、小数点以下を切り上げるものとする。

③利用者の数が、通所介護費等の算定方法に規定する定員超過利用の基準に該当することとなった事業所については、その翌月から定員超過利用が解消されるに至った月まで、利用者の全員について、所定単位数が通所介護費等の算定方法に規定する 算定方法に従って減算され、定員超過利用が解消されるに至った月の翌月から通常の所定単位数が算定される。

④町村長は、定員超過利用が行われている事業所に対しては、その解消を行うよう指導すること。当該指導に従わず、定員超過利用が2月以上継続する場合には、特別な事情がある場合を除き、指定の取消しを検討するものとする。

⑤災害、虐待の受入れ等やむを得ない理由による定員超過利用については、当該定員超過

利用が開始した月（災害等が生じ時期が月末であって、定員超過利用が翌月まで継続することがやむを得ないと認められる場合は翌月も含む　の翌月から所定単位数の減算を行うことはせず、やむを得ない理由がないにもかかわらずその翌月まで定員を超過した状態が継続している場合に、災害等が生じた月の翌々月から所定単位数の減算を行うものとする。

（16）**人員基準欠如に該当する場合の所定単位数の算定について**

①当該事業所の看護職員及び介護職員の配置数が人員基準上満たすべき員数を下回っている、いわゆる人員基準欠如に対し、介護給付費の減額を行うこととし、通所介護費等の算定方法において、人員基準欠如の基準及び単位数の算定方法を明らかにしているところであるが、これは、適正なサービスの提供を確保するための規定であり、人員基準欠如の未然防止を図るよう努めるものとする。

②人員基準欠如についての具体的取扱いは次のとおりとする。

イ　看護職員の数は、1月間の職員の数の平均を用いる。この場合、1月間の職員の平均は、当該月のサービス提供日に配置された延べ人数を当該月のサービス提供日数で除して得た数とする。

ロ　介護職員の数は、利用者数及び提供時間数から算出する勤務延時間数（サービス提供時間数に関する具体的な取扱いは、「指定地域密着型サービス及び指定地域密着型介護予防サービスに関する基準について」第三の二の二の1（1）を参照すること。）を用いる。この場合、1月間の勤務延時間数は、配置された職員の1月の勤務延時間数を、当該月において本来確保すべき勤務延時間数で除して得た数とする。

ハ　人員基準上必要とされる員数から1割を超えて減少した場合にはその翌月から人員基準欠如が解消されるに至った月まで、利用者全員について所定単位数が通所介護費等の算定方法に規定する算定方法に従って減算する。

・（看護職員の算定式）サービス提供日に配置された延べ人数 ÷ サービス提供日数 < 0.9

・（介護職員の算定式）当該月に配置された職員の勤務延時間数 ÷ 当該月に配置すべき職員の勤務延時間数 < 0.9

ニ　1割の範囲内で減少した場合には、その翌々月から人員基準欠如が解消されるに至った月まで、利用者等の全員について所定単位数が通所介護費等の算定方法に規定する算定方法に従って減算される（ただし、翌月の末日において人員基準を満たすに至っている場合を除く。）。

・（看護職員の算定式）0.9 ≦ サービス提供日に配置された延べ人数 ÷ サービス提供日数 < 1.0

・（介護職員の算定式）0.9 ≦ 当該月に配置された職員の勤務延時間数 ÷ 当該月に配置すべき職員の勤務延時間数 < 1.0

③市町村長は、著しい人員基準欠如が継続する場合には、職員の増員、利用定員等の見直し、事業の休止等を指導すること。当該指導に従わない場合には、特別な事情がある場合をのぞき、指定の取消しを検討するものとする。

（17）**療養通所介護費について**

＜中略＞

(18) **サービス提供体制強化加算について**
①２（12）④から⑦までを参照のこと。
②指定地域密着型通所介護を利用者に直接提供する職員又は指定療養通所介護を利用者に直接提供する職員とは、生活相談員、看護職員、介護職員又は機能訓練指導員として勤務を行う職員を指すものとする。
③同一の事業所において指定介護予防通所介護事業者（介護保険法施行規則等の一部を改正する省令（平成27年厚生労働省令第4号）附則第4条第3号の規定によりなおその効力を有するものとされた同令第5条の規定による改正前の指定介護予防サービス等の事業の人員、設備及び運営並びに指定介護予防サービス等に係る介護予防のための効果的な支援の方法に関する基準（平成18年厚生労働省令第35号）第97条第1項に規定する指定介護予防通所介護事業者をいう。）若しくは第一号通所事業（指定居宅サービス等基準第93条第1項第3号に規定する第一号通所事業をいう。）の指定のいずれか又はその双方の指定を併せて受け一体的に行っている場合においては、本加算の計算も一体的に行うこととする。

(19) **介護職員処遇改善加算について**
　　２の（13）を準用する。

著者紹介

浅岡雅子（あさおか・まさこ）

1953年、東京都生まれ。早稲田大学教育学部（教育心理学）卒業。フリーランスのライター・編集者。雑誌等に先端技術の解説記事などを多数執筆。1993年からは、医学系ライターとして300人以上の専門医に取材し専門誌や一般誌に連載記事を執筆。2004年以降は、高齢者医療分野や介護分野の取材・執筆に注力。著書に、『現場で使える介護記録便利帖＜書き方・文例集＞』、『現場で使えるデイサービス生活相談員便利帖』、『魅力あふれる認知症カフェの始め方・続け方』（いずれも翔泳社）がある。現在まで、10年以上の介護経験がある。

浅岡伴夫（あさおか・ともお）

1952年、富山県生まれ。慶應大学経済学部卒業。経営・マーケティング・事業アドバイザー、先端技術アナリスト。成蹊大学兼任講師。日本能率協会マネジメントセンター講師。著書は、『日本発・世界標準の新世代One to One & CRM』（五月書房）、『CRMからCREへ：One to One戦略を支える実践手法』（日本能率協会マネジメントセンター）、『バイオテクノロジー総覧』（日本能率協会総合研究所）、『産業別に見た中期需要予測』（日本能率協会総合研究所）、『ITパスポート試験テキスト＆問題集』（ネットスクール）ほか多数。

本文デザイン・DTP　　株式会社 インフォルム

Special Thanks!
ケアマネジャーの寺田清香さん、ありがとうございました。

地域密着型デイサービス
大競争時代を生き抜く黒字戦略

2016年　7月4日　初版第1刷発行

著　　者　　浅岡雅子、浅岡伴夫
発　行　人　　佐々木 幹夫
発　行　所　　株式会社 翔泳社（http://www.shoeisha.co.jp）
印 刷 製 本　　株式会社 加藤文明社印刷所

© 2016 Masako Asaoka, Tomoo Asaoka

本書は著作権法上の保護を受けています。本書の一部または全部について、株式会社 翔泳社から文書による許諾を得ずに、いかなる方法においても無断で複写、複製することは禁じられています。
本書へのお問い合わせについては、iiページの記載内容をお読みください。
造本には細心の注意を払っておりますが、万一、乱丁（ページの順序違い）や落丁（ページの抜け）がございましたら、お取り替えいたします。03-5362-3705までご連絡ください。

ISBN978-4-7981-4551-8　　　　　　　　　　　　　　　　　　　　Printed in Japan